Josef Schöpf
Psychische Störungen erkennen

Aus dem Programm Verlag Hans Huber
Psychologie Sachbuch

Mit Fragebogen zum Selbsttest

Nur der «Fragebogen zum Selbsttest Psychische Störungen erkennen» von Josef Schöpf ist unter der ISBN 978-3-456-84859-4 zu bestellen.

Weitere Sachbücher im Verlag Hans Huber – eine Auswahl:

Julia C. Berryman / Elizabeth M. Ockleford / Kevin Howells / David J. Hargreaves / Diane J. Wildbur
Psychologie
Einblicke in ein faszinierendes Fachgebiet
ISBN 978-3-456-84681-1

Hans-Werner Bierhoff / Michael Jürgen Herner
Narzissmus – die Wiederkehr
ISBN 978-3-456-84751-1

James W. Pennebaker
Heilung durch Schreiben
Ein Arbeitsbuch zur Selbsthilfe
ISBN 978-3-456-84742-9

Graham Gordon Ramsay / Holly Barlow Sweet
Reiseführer zum Selbst
Wer bin ich und wer will ich sein?
ISBN 978-3-456-84844-0

Suzanne C. Segerstrom
Optimisten denken anders
Wie unsere Gedanken die Wirklichkeit erschaffen
ISBN 978-3-456-84744-3

Maja Storch
Machen Sie doch, was Sie wollen!
Wie ein Strudelwurm den Weg zu Zufriedenheit und Freiheit zeigt
ISBN 978-3-456-84754-2

Maja Storch
Rauchpause
Wie das Unbewusste dabei hilft, das Rauchen zu vergessen
ISBN 978-3-456-84632-3

Weitere Informationen über unsere Neuerscheinungen finden Sie im Internet unter: **www.verlag-hanshuber.com**

Josef Schöpf

Psychische Störungen erkennen

Mit Fragebogen zum Selbsttest

Verlag Hans Huber

Adresse des Autors:
Priv. Doz. Dr. med. Josef Schöpf
Steinwiesstr. 32
CH-8032 Zürich

Lektorat: Monika Eginger, Thomas Reichert
Herstellung: Daniel Berger
Umschlag: Claude Borer, Basel
Druckvorstufe: Claudia Wild, Konstanz
Druck und buchbinderische Verarbeitung: Hubert & Co., Göttingen
Printed in Germany

Bibliografische Information der Deutschen Nationalbibliothek
Die Deutsche Nationalbibliothek verzeichnet diese Publikation in der Deutschen Nationalbibliografie; detaillierte bibliografische Daten sind im Internet über http://dnb.d-nb.de abrufbar.

Dieses Werk, einschließlich aller seiner Teile, ist urheberrechtlich geschützt. Jede Verwertung außerhalb der engen Grenzen des Urheberrechtes ist ohne Zustimmung des Verlages unzulässig und strafbar. Das gilt insbesondere für Vervielfältigungen, Übersetzungen, Mikroverfilmungen sowie die Einspeicherung und Verarbeitung in elektronischen Systemen.

Anregungen und Zuschriften bitte an:
Verlag Hans Huber
Hogrefe AG
Länggass-Strasse 76
CH-3000 Bern 9
Tel: 0041 (0)31 300 4500
Fax: 0041 (0)31 300 4593
www.verlag-hanshuber.com

1. Auflage 2010
© 2010 by Verlag Hans Huber, Hogrefe AG, Bern
ISBN 978-3-456-84841-9

Inhalt

Vorwort 7

Über das Buch 9

Psychische Störungen erkennen (mit Fragebogen) 11

1. Depression 13
2. Manie 21
3. Angststörungen 25
   - 3.1 Panikstörung 27
   - 3.2 Agoraphobie 31
   - 3.3 Generalisierte Angststörung 35
   - 3.4 Einfache Phobien 39
   - 3.5 Sozialphobie 43
   - 3.6 Zwangsstörung 47
   - 3.7 Posttraumatische Belastungsstörung (PTBS) 51
4. Körperliche Symptome als psychische Störung 55
   - 4.1 Somatisierungsstörung 57
   - 4.2 Neurasthenie 61
   - 4.3 Hypochondrie, Dysmorphophobie 65
   - 4.4 Konversionsstörung 69
5. Essstörungen 73
   - 5.1 Magersucht 75
   - 5.2 Bulimie 79
   - 5.3 Reine Essattacken 83
6. Schlafstörungen 85
7. Sexuelle Funktionsstörungen 91

8. Problematische Persönlichkeitszüge 97
9. Aufmerksamkeitsdefizitsyndrom (ADS) 103
10. Psychotische Störungen einschließlich der Schizophrenie 107
11. Demenz 113
12. Impulsstörungen 117
    12.1 Spielsucht 119
    12.2 Kaufsucht 123
    12.3 Kleptomanie 125
13. Substanzmissbrauch und -abhängigkeit 127
    13.1 Alkoholmissbrauch und -abhängigkeit 129
    13.2 Nikotinmissbrauch und -abhängigkeit 135
    13.3 Missbrauch und Abhängigkeit von Beruhigungs-
         und Schlafmitteln 139
    13.4 Cannabismissbrauch und -abhängigkeit 143
    13.5 Missbrauch und Abhängigkeit von harten Drogen
         (Heroin, Kokain, Amphetamin) 147
    13.6 Missbrauch von Ecstasy und Halluzinogenen
         (LSD, Meskalin, Psilocybin) 153
14. Störungen des sexuellen Triebziels (Perversionen) 155
15. Störungen der sexuellen Identität (Transsexualismus) 159
16. Wenn Sie an sonst etwas leiden 163

Zusammenfassung: Gefundene Störungen 165

Die Behandlung für sich finden 167

Sachverzeichnis 171

Vorwort

Einfache und klare Informationen für alle stellen ein Bedürfnis unserer modernen Zeit dar. Dies gilt auch für die Gesundheit. Es mag überraschen, dass eine verständliche Beschreibung psychischer Störungen relativ gut gelingt. Der Grund ist einleuchtend. Es geht um die Erfassung leicht erkennbarer Merkmale und nicht, wie sonst in der Medizin, um komplizierte Untersuchungen und ihre Interpretation, die nur mit Vorkenntnissen möglich ist.

Das Interesse, psychische Störungen der Allgemeinheit näher zu bringen, ist offensichtlich. Viele dieser Störungen werden auch heute zu selten und zu spät erkannt und behandelt, weil die Betroffenen, ungenügend informiert, nicht um Hilfe nachsuchen.

Das vorliegende Buch entstand in Etappen. Zuerst wurden die Merkmale erstellt, die zu den einzelnen Diagnosen führen. Es werden, anders als sonst, in Fragebogen nicht einzelne Punkte abgefragt, sondern die Störung wird gesamthaft dargestellt, und nach der Lektüre ihrer Beschreibung entscheidet der Leser, ob sie bei ihm vorliegt oder nicht.

Es zeigte sich, dass die reine Angabe der Merkmale nicht ein ausreichend konkretes Bild der Störungen vermittelt. Deshalb wurden ergänzende Informationen hinzugefügt und der Inhalt durch Fallbeispiele veranschaulicht.

So bedurfte es einiger Überarbeitungen, um ein lesergerechtes Werk zu verfassen. Dabei waren die Ratschläge von verschiedenen Personen sehr wertvoll. Besonders hervorheben möchte ich Herrn Prof. Meinrad Perrez, Prof. für Klinische Psychologie, Fribourg, der mir dazu riet, den typologischen Ansatz des Fragebogens zu wählen. Frau Angela Schader, Redaktorin, Frau Dr. Stéphanie Edelmann, Klinische Psychologin, und Herr Dr. Stefan Vetter, Chefarzt der Klinik für Psychiatrische Rehabilitation, Rheinau, gaben mir wertvolle Ratschläge zu Inhalt und Strukturierung des

Textes. Von Frau Lucie Schäfer, Assistentin, erhielt ich wichtige Hinweise zur leserfreundlichen Darstellung. Sehr bedanken möchte ich mich auch bei einer Reihe von Personen, deren Namen ich aus Diskretionsgründen nicht nennen kann.

Ein besonderer Dank geht an Frau Monika Eginger, Lektorin für den Bereich Psychologie und Psychiatrie beim Huber-Verlag, die mich in allen Phasen der Entstehung des Buches unterstützt hat, ebenso an Herrn Thomas Reichert, Lektor, für seine auch inhaltlich kritische Durchsicht des Textes.

Im Juni 2010　　　　　　　　　　　　　　　　　　　　　　　Josef Schöpf

Über das Buch

Die Wahrscheinlichkeit, dass ein Mensch im Leben irgendwann psychisch erkrankt, beträgt mehr als 50%. Psychische Störungen – man spricht heute weniger von Krankheiten – werden noch immer zu selten erkannt. Dieses Buch ermöglicht die Selbsterfassung psychischer Störungen. Sie können bei sich prüfen, ob Sie entsprechende Symptome aufweisen. Bei Störungen, deren Selbstdiagnose schwierig ist, kann die Einbeziehung einer Person Ihres Vertrauens, die Sie gut kennt und die eine gute Beobachtungsgabe besitzt, eine wichtige Hilfe sein.

Die psychischen Störungen werden in 16 Abschnitten dargestellt. Ihre Beschreibung erfolgt in Anlehnung an international bekannte Diagnosesysteme. Es werden insgesamt 34 psychische Störungen in ihren Grundmerkmalen beschrieben. So können Sie beurteilen, ob die Störung vorhanden ist, teilweise vorhanden ist oder nur früher bestand (im Fragebogen: «zutreffend», «teilweise zutreffend», «nur früher zutreffend»). Sie treffen Ihre Beurteilung summarisch nach dem Durchlesen der angegebenen Merkmale der Störung und kreuzen das entsprechende Feld an. Störungen, die Sie gefunden haben, können Sie auf S. 165 zusammenfassend notieren.

Sie können das Buch ergänzend bei einer Abklärung durch einen Psychiater, einen Fachpsychologen für Psychotherapie[1] oder den Hausarzt durchgehen. Sie können es aber auch ausschließlich zur Selbstbeurteilung verwenden. Wenn Sie bei sich Merkmale einer psychischen Störung feststellen, sollten Sie zur sicheren Beurteilung professionelle Hilfe in Anspruch nehmen. Dies ist schon deshalb wichtig, weil psychische Störungen körperlich bedingt sein können und es also nötig ist, solche Ursa-

---

[1] Vgl. auch die entsprechenden Spezialisten mit ihren Fachbezeichnungen in Deutschland und Österreich.

chen durch eine medizinische Untersuchung auszuschließen. Auch erfordert die Behandlung – sie sollte der nächste Schritt nach der Diagnose sein – meist die Hilfe einer Fachperson.

Ergänzend zum Fragebogen werden die einzelnen psychischen Störungen durch allgemeine Informationen und Fallbeispiele dem Leser näher gebracht. Auch auf die Therapie wird eingegangen. Eine ausführliche Darstellung der psychischen Störungen wird z. B. im Fachbuch *Psychiatrie für die Praxis* (Schöpf 2011) gegeben.

Abschließend erhalten Sie Hinweise dazu, wie Sie die richtige Behandlung und die für Sie geeignete Fachperson finden.

Es ist möglich, dass Sie dieses Buch in einer akuten psychischen Krise lesen. Falls Sie an Selbstmordgedanken leiden oder wenn von Ihnen eine Gefahr für andere ausgehen könnte, sollten Sie unverzüglich Kontakt mit einem Arzt oder einer anderen Fachperson aufnehmen, die Ihnen weiterhilft.

Andererseits bedeutet das Vorhandensein bestimmter Symptome noch nicht, dass eine eigentliche psychische Störung vorliegt. Symptome werden erst dann als Teil einer psychischen Störung betrachtet, wenn sie zu wesentlichen Beschwerden oder Schwierigkeiten im Leben führen.

Das Buch enthält verschiedene Fachbegriffe. Ihre Definitionen stehen im Text und können mit dem Sachverzeichnis gefunden werden. Eine gute Internetadresse für möglicherweise nicht gegebene Definitionen ist Wikipedia.

Literatur

Schöpf, J. (2003): Psychiatrie für die Praxis. 2., neu bearb. Aufl. Springer, Berlin u. a. Neuauflage für 2011 in Vorbereitung.

Psychische Störungen erkennen (mit Fragebogen)

1. Depression

Wie erkennen Sie eine Depression?

Haben Sie eine düstere, negativ getönte Stimmung wie Bedrücktheit, Traurigkeit, Hoffnungslosigkeit,

einen Verlust von Freude und Interesse an den Dingen des Lebens,

Energieverlust und/oder Müdigkeit,

Schlafstörungen (Schlaflosigkeit oder Verlängerung der Schlafdauer),

Appetitstörungen (Appetitverlust oder -zunahme),

Konzentrationsstörungen,

innere Unruhe oder Gefühl der Verlangsamung (im Denken oder in den Bewegungen),

unberechtigte Schuldgefühle oder sonstige negative Gedanken,

Selbstmordgedanken, Wunsch, tot zu sein, oder Gleichgültigkeit bezüglich des Weiterlebens.

▲ Die Diagnose trifft zu, wenn eine düstere, negativ getönte Stimmung und mindestens 4 andere der genannten Symptome bestehen.
Die Symptomatik muss mindestens 2 Wochen andauern.

Ankreuzen:
❏ Zutreffend ❏ Teilweise zutreffend ❏ Nur früher zutreffend

Informationen

Depressionen sind mehr als nur einfaches Unglücklichsein. Neben dem Symptom der düsteren Stimmung liegen verschiedene Zusatzsymptome vor. Depressionen führen, auch wenn sie leichterer Art sind, zu erheblichem Leiden. Lebensüberdruss und Selbstmordgedanken kommen häufig vor. Solche müssen immer ernst genommen werden. Bei entsprechenden Äußerungen ist es nötig, dies mit einem Arzt zu besprechen. Die Kontaktnahme soll sofort geschehen, wenn die Gefahr akut scheint.

Depressionen können durch äußere psychologische Faktoren wie Verlustereignisse, Belastungen oder einen Mangel an Freude und Abwechslung bedingt sein. Es können aber auch innere psychische Konflikte vorliegen, z. B. das Nichterreichen eines Ziels oder der Gegensatz zwischen einem Wunsch und einer Verpflichtung. Aber nicht immer kann man psychologische Faktoren für das Auftreten einer Depression verantwortlich machen. Viele Depressionen treten ohne plausible psychologische Erklärung auf.

Bei der Entstehung einer Depression können erbliche, d. h. biologische Faktoren eine Rolle spielen. Man nimmt an, dass Störungen der Hirnfunktion mit einem Mangel an sog. Übertragersubstanzen (Transmitter) bestehen. Diese Transmitter stellen die Kommunikation zwischen den Nervenzellen des Gehirns her. Die Depressionssymptome sollen demnach Folgen einer gestörten Hirnfunktion sein.

In vielen Fällen, in denen eine Depression vorliegt, muss man ein Zusammenwirken von psychologischen und biologischen Faktoren annehmen. Auch körperliche Krankheiten wie hormonelle Störungen können Depressionen hervorrufen.

Im Einzelfall ist es heute nicht möglich anzugeben, welche Faktoren – psychologische oder biologische oder ihre Kombination – zur depressiven Erkrankung geführt haben. Depressionen dauern unterschiedlich lange, oft einige Monate, gelegentlich nur Tage, hie und da Jahre. Die Mehrzahl klingt auch ohne Behandlung ab oder bessert sich.

Nach einer einmal durchgemachten Depression ist das Auftreten von Depressionen im weiteren Leben wahrscheinlich. Ist dies der Fall, spricht man von *wiederkehrenden* oder *rezidivierenden Depressionen*. Bestimmte

Depressionen treten nur im Herbst und Winter auf und verschwinden im Frühling. Man nennt sie *saisonale Depressionen.* Es gibt Patienten, bei denen nicht nur Depressionen, sondern auch Manien (siehe dort) auftreten. In solchen Fällen spricht man von *bipolaren affektiven Störungen.* «Bipolar» bedeutet, dass Krankheitsphasen mit den beiden Gegenpolen, der Bedrücktheit der Depression einerseits und der gehobenen Stimmung der Manie andererseits, auftreten.

Depressionen sind häufig. Ca. 12 % der Männer und 20 % der Frauen machen im Leben eine Depression durch. Die Störung kann in jedem Alter auftreten. Alle Menschen weisen hie und da leichte depressive Verstimmungen auf, die noch nicht krankhaft, sondern ein Teil des normalen Lebens sind.

Depressionen werden psychotherapeutisch und medikamentös behandelt. Jeder depressive Patient benötigt ein allgemeines therapeutisches Gespräch mit Aufklärung, Beratung, Begleitung und Unterstützung. Spezifische Psychotherapieformen sind die kognitive Verhaltenstherapie und die psychoanalytische Therapie. Bei Ersterer geht man davon aus, dass der Depressive einseitig negative Gedanken über sich selbst, das vermeintliche Bild seiner Umwelt von ihm und über seine Zukunft hat. Auch führt die zurückgezogene Lebensweise zu einem Mangel an positiven Erlebnissen. In der Therapie werden diese falschen Gedanken und ungünstigen Verhaltensweisen korrigiert, was zum Verschwinden der depressiven Symptome führt. Nach der psychoanalytischen Therapie liegen der Störung unbewusste, aus der Kindheit stammende psychische Konflikte zugrunde und verhindern das Erleben von Freude in der Gegenwart. Sie werden in der Behandlung aufgedeckt und gelöst. In den letzten Jahren wurden neue Psychotherapien der Depression entwickelt, so solche, die Beziehungen zum Gedankengut des Buddhismus aufweisen.

Medikamente, sog. Antidepressiva, werden bei allen schweren und vielen leichteren Depressionen eingesetzt. Sie können zur Genesung unerlässlich sein.

Burnout ist eine Depression oder eine Erschöpfung (Neurasthenie, siehe dort), die durch Überlastung beruflicher oder anderer Art entstanden ist. Zum Teil spielen übermäßige Ansprüche an die eigene Leistung mit. Die

Therapie besteht in Entlastung, der Erörterung möglicher psychologischer Faktoren und ggf. einer medikamentösen Behandlung.

Beispiele

(1) Depression bei einer jungen Frau: Die 20-jährige Studentin war aufgeweckt, fröhlich und optimistisch, aber auch verantwortungsbewusst und gewissenhaft. Nichts an ihrer Person deutete darauf hin, dass bei ihr einmal eine Depression auftreten würde. Trotzdem kam es dazu. Der Zustand führte zu starkem Leiden und beeinträchtigte ihr Studium. Sie war bedrückt, weinerlich, sah für die Zukunft nur Probleme, fand keine Freude und keine Motivation mehr, konnte sich nicht mehr konzentrieren, zog sich zurück und hatte andere typische Depressionssymptome. Lebensüberdruss und Selbstmordgedanken kamen über sie.

Es gab keine plausible psychologische Erklärung für das Auftreten der Erkrankung. Der Umstand, dass ihr das gewählte Studium nicht entsprach und sie nun ein anderes Fach suchte, reichte dazu nicht aus. Schon die Mutter und die Großmutter waren an Depressionen erkrankt. Eine erbliche Komponente dürfte auch bei ihrer Depression eine Rolle gespielt haben. Die Depression klang unter der medikamentösen Behandlung ab, wobei erst die dritte eingesetzte Substanz wirksam war. Die Heilung verlief auch sonst etwas kompliziert. Im Laufe der Depression hatten sich bei ihr negative Denkweisen und Gefühle verselbständigt. Diese wurden in psychotherapeutischen Gesprächen korrigiert.

(2) Tragischer Ausgang einer Depression: Er war Mitte 40, katholischer Pfarrer, engagiert, dynamisch, positiv, etwas streng, vor allem mit sich. Wie schon seine Mutter litt er an wiederkehrenden Depressionen. Er hielt sich an den Zölibat. Aber er mochte die Frauen, und sie mochten ihn. Lag hierin ein zentrales Problem, dass er diesen Teil nicht lebte? Wir werden es nie wissen.

Eines Tages fiel er in eine schwere Depression, nachdem er sich eine Beziehung zu einer Frau versagt hatte. Die üblichen psychiatrischen Behandlungen zeigten keine Wirkung. Er trat in eine psychiatrische Klinik ein. Während der Hospitalisation beging er, in tiefster Hoffnungslosigkeit und überzeugt, nie mehr gesund zu werden, während eines Ausgangs Selbstmord. Er berührte die elektrische Bahnleitung mit einem Eisenstab. So wollte er vermeiden, dass der Lokomotivführer in seine Handlung hineingezogen wurde.

Es war tragisch. Er wäre wohl bald wieder gesund geworden. Depressionen klingen ja meist auch von selbst ab. Dann hätte man die Frage, wie er sein Leben weiterführen wollte, in Ruhe erörtern können.

(3) Leichte langdauernde Depression: Die 45-jährige Buchhändlerin war seit Jahren nicht berufstätig. Sie war – eine persönliche Schwäche – etwas wenig initiativ und finanzierte sich von einem Erbe. Ihr Leben war eintönig. Auch ihre Partnerschaft war nicht befriedigend. Dies alles machte sie depressiv.

Diese Depression hatte psychologische Gründe. Neben der Tendenz zur Passivität neigte sie dazu, zu wenig auf ihre eigenen Bedürfnisse zu achten. Diese Problematik wurde in einer mehrjährigen Psychoanalyse aufgearbeitet. Dabei gewann sie wertvolle Erkenntnisse über sich, schaffte es aber nicht, sie im Leben umzusetzen. Erst dank einer weiteren, auf praktische Fragen ausgerichteten Psychotherapie gelang ihr dies und sie wurde depressionsfrei.

(4) Depression im Wochenbett: Die heute pensionierte Juristin, mit Kindern und Enkelkindern und noch immer glücklich verheiratet, fiel vor vielen Jahren, zwei Wochen nach ihrer ersten Entbindung, in eine sog. Wochenbettdepression (oder Postpartumdepression). Sie wusste überhaupt nicht, wie ihr geschah. Sie hatte sich auf das Kind sehr gefreut, dann aber fühlte sie sich nur mehr traurig, freudlos, energielos und schlief schlecht. Sie machte sich Vorwürfe, eine schlechte Mutter zu sein. Nach einigen Wochen hellte sich der Zustand von selbst auf. Die Depression war ohne psychologisch belastenden Faktor aufgetreten.

(5) Depression in der Zeit der Abänderung (Menopause): Im Alter von 50 Jahren, als ihre Monatsblutungen sistierten, hatte die Rechtsanwältin erneut eine Depression. In dieser Lebensphase nimmt die Bildung weiblicher Sexualhormone im Körper ab, was das Auftreten dieser Störung begünstigt. Die Depression musste, wie frühere Male, mit einem Antidepressivum behandelt werden. Zusätzlich war ein Hormonersatz nötig.

(6) Depression als Burnout: Ein Bankangestellter stand unter hohem Arbeitsdruck. Er wusste nicht, ob seine Stelle gestrichen und ihm gekündigt würde. Für die Erfüllung seiner Aufgaben, besonders in Bezug auf das Wohl seiner Kunden, fühlte er sich verantwortlich. Allmählich trat eine Depression mit Zeichen der Erschöpfung auf. Er wurde arbeitsunfähig. Die Entlastung von der Arbeit genügte nicht zur Wiederherstellung der Gesundheit. In psychotherapeutischen Gesprächen wurde sein berufliches Engagement beleuchtet. Es gelang ihm, seine Tendenz zu übermäßigem Einsatz zu korrigieren. Auch eine medikamentöse antidepressive Therapie wurde durchgeführt. Nach einigen Monaten erholte er sich.

(7) Depression bei einem Sportler: Ein Eishockeyspieler erkrankte, psychologisch unerklärt, an einer Depression. Weil er an Schnelligkeit und Wendigkeit verlor und seine Konzentration im Spiel nachließ, wurde er aus der Mannschaft genommen. Unter einer medikamentösen antidepressiven Therapie hellte sich die Depression auf und die sportliche Leistungsfähigkeit kam zurück.

(8) Die Kriterien einer Depression teilweise erfüllende Störung: Die 39-jährige Lehrerin hatte in der Woche vor der Regelblutung (Menstruation) eine sehr schlechte Zeit. Sie war gereizt und düster und jede Kleinigkeit regte sie auf. Gegenüber dem Ehemann spürte sie eine solche Spannung, dass sie die Scheidung in Erwägung zog. Sie litt an einer sog. prämenstruellen dysphorischen Störung. Mit Beginn der Menstruationsblutung verschwand der Zustand jeweils schlagartig.

Empfehlenswerte Literatur

Patientenratgeber, allgemein:
Hegerl, U., Nieschken, S. (2008): Depressionen bewältigen. Die Lebensfreude wiederfinden. 2., aktualisierte Aufl. Trias, Stuttgart.

Patientenratgeber, Psychotherapie:
Hautzinger, M. (2006): Ratgeber Depression. Informationen für Betroffene und Angehörige. Hogrefe, Göttingen.
Gilbert, P. (1999): Depressionen verstehen und bewältigen. Hogrefe, Göttingen.

Patientenratgeber, Pharmakotherapie:
Woggon, B. (2009): Ich kann nicht wollen. Berichte depressiver Patienten. Verlag Hans Huber, Bern.

2. Manie

Wie erkennen Sie eine Manie?

Haben Sie eine übermäßig gehobene oder gereizte Stimmung,

erhöhten Rededrang,

im Gespräch wiederholten unvermittelten Themenwechsel,

körperliche Überaktivität,

Verkürzung der Schlafdauer bei vermindertem Schlafbedürfnis,

Selbstüberschätzung,

finanziell oder sexuell risikoreiches Verhalten,

Tendenz zu verbalem oder tätlichem Streit.

▲ Die Diagnose trifft zu, wenn eine gehobene oder gereizte Stimmung und mindestens 3 andere der genannten Symptome bestehen.
Die Symptomatik muss mindestens eine Woche andauern.

Ankreuzen:
❑ Zutreffend   ❑ Teilweise zutreffend   ❑ Nur früher zutreffend

Informationen

Die Manie ist in gewisser Beziehung das Gegenteil der Depression. Wegen ihrer unbedachten Handlungen können sich die Patienten beruflich und sozial schaden. Nicht nur Arbeitsverhältnisse, auch persönliche Beziehungen können zerbrechen. Die Therapie wird oft dadurch erschwert, dass sich die Patienten für psychisch gesund und nicht behandlungsbedürftig halten. Leichte Formen der Manie werden als *Hypomanie* bezeichnet.

Manien dauern oft einige Monate, zum Teil nur Wochen oder Tage. Praktisch alle Manien klingen auch ohne Behandlung ab. Das Wiederauftreten von weiteren manischen Phasen im Leben ist wahrscheinlich. Fast alle Patienten, die einmal eine Manie hatten, erkranken irgendwann auch an Depressionen. Wegen des Auftretens von Manien einerseits und Depressionen andererseits spricht man, wie schon bei der Depression erwähnt, von *bipolarer affektiver Störung* (früher als manisch-depressive Krankheit bezeichnet). Bei der Entstehung der Manie bzw. der bipolaren affektiven Störung spielt oft eine erbliche Veranlagung eine Rolle. Psychologischen Faktoren kommt eine geringe Bedeutung zu. Ca. 2 % der Bevölkerung erkranken im Laufe des Lebens an einer bipolaren affektiven Störung.

Die Therapie der Manie erfolgt in erster Linie medikamentös. Wichtig ist es, den Patienten von der Notwendigkeit der Behandlung zu überzeugen. Bei schwerer Erkrankung kann die Einweisung in eine psychiatrische Klinik nötig sein. Bei der bipolaren affektiven Störung ist es wichtig, das Wiederauftreten von manischen und depressiven Krankheitsphasen zu verhindern. Dies kann mit sog. Stimmungsstabilisatoren erreicht werden. Lithium ist der bekannteste davon.

Beispiele

(1) Manie: Ein 25-jähriger Student, eine Frohnatur, kam aus wohlhabenden Verhältnissen und hatte sehr großzügige Eltern. Seit Wochen schien er noch lebenslustiger als sonst, schlief kaum mehr, feierte Feste und bezahlte für andere. Er war konstant aktiv, hatte viele neue Pläne und kaufte teuer ein. Er bestellte einen Ferrari und dann auch noch einen Alfa

Romeo. Hier erkannte der Vater, dass mit seinem Sohn etwas nicht mehr stimmte. Der Patient ließ sich überreden, in die psychiatrische Klinik einzutreten.

Dies war seine dritte manische Phase, und er hatte auch schon Depressionen gehabt. Er erhielt Lithium und blieb die folgenden Jahre symptomfrei.

(2) Manie mit Gereiztheit: Der 32-jährige Rayonchef eines Lebensmittelbetriebs, bis dahin ein geschätzter Mitarbeiter, verhielt sich zunehmend ungeduldig und fordernd. Besonders über die Vorgesetzten war er verärgert, weil sie auf seine zahlreichen Verbesserungsvorschläge nicht eingingen. Gegenüber der Freundin war er, anders als sonst, rechthaberisch und vertrug keinen Widerspruch. Er führte ein Leben voll Unruhe. Seinen Versicherungsfachmann bestellte er, um «bessere» Verträge zu unterzeichnen. Der Anlageberater der Bank sollte zum Abschluss eines risikoreichen Geschäfts kommen. Bis in die Nacht hinein war er aktiv, und schon um drei Uhr morgens stand er, voller Energie, wieder auf. Er sprach sehr viel und ließ andere nicht mehr zu Wort kommen. Dauernd war er «auf Achse» und konnte kaum noch stillsitzen. Sein Zustand wurde für die Menschen in seiner Umgebung unerträglich. Er selbst glaubte sich aber in bester Form. Schließlich deutete er gegenüber einem Vorgesetzten an, wenn eine seiner Ideen nicht umgesetzt würde, könnte es einen Gewalttakt geben. Dies führte zur notfallmäßigen Einweisung in eine psychiatrische Klinik.

(3) Leichte Manie (Hypomanie): Eine 59-jährige ehemalige Kindergärtnerin hatte lange Zeit an einer Depression gelitten. Dann, plötzlich, kippte die Stimmung von einem Tag auf den anderen und sie war übermäßig frohgestimmt und optimistisch. Sie sprach deutlich mehr als in gesunden Tagen. Von Natur aus eher zurückhaltend, suchte sie nun Kontakte zu Männern und flirtete offen. Schlaf benötigte sie nur wenig, ohne tagsüber müde zu sein. Die Phase dauerte etwa 6 Wochen. In dieser Zeit passierte für sie nichts Nachteiliges. Sie hat die Episode als beschwingte und etwas überdrehte Zeit in Erinnerung.

Empfehlenswerte Literatur

Patientenratgeber:
Bräunig, P. (2009): Leben mit bipolaren Störungen. Trias, Stuttgart.

3. Angststörungen

3.1
Panikstörung

Wie erkennen Sie eine Panikstörung?

Treten bei Ihnen plötzlich, aus heiterem Himmel, ohne erkennbaren Grund, Attacken von panikartiger Angst auf? Befürchten Sie dabei zu sterben, z. B. an einem Herzanfall oder Hirnschlag, verrückt zu werden oder einfach die Kontrolle über sich zu verlieren?

In der Attacke treten Begleitsymptome auf wie Herzklopfen, Atemnot, Missempfindungen im Bauchbereich, Schwindel, Schwächegefühle, Benommenheit, Zittern, Kribbeln oder ein Gefühl der Unwirklichkeit der Umgebung oder der eigenen Person.

▲ Die Diagnose trifft zu, wenn die Symptomatik der obigen Beschreibung entspricht. Wenn die Symptome immer gemeinsam mit einer Depression auftreten, wird nur die Depressionsdiagnose gestellt. Bei Depressionen können Symptome von der Art der Panikstörung auftreten. Wenn die Attacken nur durch äußere Ereignisse oder die Furcht vor speziellen Situationen oder Objekten hervorgerufen werden, wird die Diagnose nicht gestellt.

Ankreuzen:
❏ Zutreffend   ❏ Teilweise zutreffend   ❏ Nur früher zutreffend

Informationen

Die erste Panikattacke im Leben kommt für den Patienten völlig unerwartet. Das Ereignis ist so eindrücklich, dass er sich noch nach vielen Jahren an die Einzelheiten erinnert. Die Attacken wiederholen sich. Die Panikstörung hat unbehandelt eine Tendenz fortzubestehen. Ein Risiko der Störung besteht darin, dass der Patient körperliche Aktivitäten aus Sorge um seine Gesundheit meidet.

Die Störung beginnt häufig im Alter zwischen 20 und 30 Jahren. Bei der Mehrzahl der Patienten tritt bald nach dem Erkrankungsbeginn auch eine Agoraphobie (vgl. Abschnitt 3.2) auf. Gehäuft kommen auch Depressionen und andere Angststörungen vor.

Ca. 2–3 % der Bevölkerung erkranken im Laufe des Lebens an einer Panikstörung. Frauen sind häufiger betroffen als Männer.

Die Behandlung erfolgt in erster Linie mit kognitiver Verhaltenstherapie. Dabei erkennt der Patient, dass er im Grunde harmlose körperliche Symptome fehlinterpretiert, indem er sie für Zeichen einer gefährlichen Krankheit hält. Dies führt zu Angst, was die körperlichen Symptome verstärkt, was wiederum noch mehr Angst auslöst usw. Der Patient lernt, diesen Teufelskreis zu erkennen und abzubauen. Bei Therapieresistenz gibt man zusätzlich Antidepressiva.

Beispiele

(1) Panikstörung mit Herzsymptomatik: Schon den ganzen Tag über fühlte sich der 22-jährige bis dahin sportliche Mann nicht gut. Am Abend ging er mit Freunden ins Kino. Nach einigen Minuten bekam er plötzlich Herzklopfen, Hitzeempfindungen am ganzen Körper und glaubte, nicht mehr richtig atmen zu können. Diese noch nie dagewesenen Symptome versetzten ihn in Angst. Er befürchtete, etwas Schwerwiegendes könnte mit seiner Gesundheit passiert sein. Er dachte an einen Herzinfarkt. Die Angst steigerte sich, und er verließ fluchtartig das Kino. Draußen ging es nicht besser. Per Taxi begab er sich zum nächsten Krankenhaus, wo man ihn sofort untersuchte. Alle Ergebnisse waren normal. Dies beruhigte ihn vorübergehend. Er übernachtete nicht wie sonst allein in seiner Wohnung, sondern aus einem vagen Sicherheitsbedürfnis heraus bei seinen Eltern. Am Morgen kam die ängstliche Anspannung zurück. Eine zweite Panikattacke trat auf. Erneut wurden medizinische Untersuchungen durchgeführt, wieder mit negativem Ergebnis. Weitere Panikattacken folgten. Aus der Sorge, doch ein Herzleiden zu haben, schonte er sich nun körperlich (zur Fortsetzung siehe den Abschnitt 3.2 über Agoraphobie, Beispiel 1).

(2) **Panikstörung mit Schwindel:** Die 65-jährige ehemalige Sekretärin hatte seit einigen Wochen Schwindelattacken. Dabei wurde ihr übel und sie spürte ein Kribbeln in den Armen. Die Attacken machten ihr – verständlicherweise – Angst. Sie ließ sich von Spezialisten der Neurologie und der Hals-Nasen-Ohrenmedizin untersuchen. Alle Ergebnisse waren normal (zur Fortsetzung siehe den Abschnitt 3.2 über Agoraphobie, Beispiel 2).

Empfehlenswerte Literatur

Patientenratgeber:
Schmidt-Traub, S. (2008): Angst bewältigen. Selbsthilfe bei Panik und Agoraphobie. 4., neu bearb. Aufl. Springer, Heidelberg.
Rufer, M., Alsleben, H., Weiss, A. (2004): Stärker als die Angst. Elesevier, Amsterdam.

3.2
Agoraphobie

Wie erkennen Sie eine Agoraphobie?

Haben Sie eine übermäßige Furcht vor verschiedenen Orten? Diesen ist gemeinsam, dass es bei Auftreten eines Angstzustandes schwierig wäre, sich rasch zu entfernen und an eine sog. sichere Stelle zu begeben, wo man Hilfe in Anspruch nehmen könnte.

Mit übermäßiger Furcht verbunden sind viele Orte außerhalb der eigenen Wohnung, wie die Straße, belebte Gebäude, z. B. Kaufhäuser oder Kinos, Verkehrsmittel oder auch das Sitzen im Stuhl des Friseurs.

Solche Orte werden nach Möglichkeit gemieden. Geraten Sie doch dorthin, tritt starke Angst auf.

▲ Die Diagnose trifft zu, wenn die Symptomatik der obigen Beschreibung entspricht.

Ankreuzen:
❑ Zutreffend   ❑ Teilweise zutreffend   ❑ Nur früher zutreffend

Informationen

Die Agoraphobie ohne Panikstörung ist eher selten. Wie erwähnt, tritt bei der Panikstörung meist auch eine Agoraphobie auf. Die Agoraphobie engt den Lebenskreis stark ein. Es gibt Patienten, die wegen ihrer Ängste ihre Wohnung nicht mehr verlassen. Unbehandelt ist der Verlauf oft chronisch. Ca. 2–3 % der Bevölkerung erkranken in ihrem Leben an dieser Störung. Es sind mehr Frauen als Männer betroffen.

Die Behandlung erfolgt mit kognitiver Verhaltenstherapie. Dabei führt der Patient sog. *Expositionsübungen* durch. Er setzt sich den angstmachenden Situationen aus und lernt, dass die Angst zwar stark, nicht aber, wie von ihm befürchtet, unerträglich wird. Vor allem erfährt er, dass die Angst mit der Zeit, in der Regel innerhalb einer Stunde, sich vermindert und schließlich von selbst abklingt. Wiederholte Übungen führen dazu, dass die Angst gar nicht wieder auftritt. Ohne diese Übungen, z. B. nur mit Gesprächen, kann keine Besserung erzielt werden.

Beispiele

(1) Agoraphobie mit Panikstörung (Herzsymptomatik): Beim oben erwähnten 22-jährigen Mann mit Panikstörung trat nach den ersten Panikattacken die konstante Besorgnis auf, er könnte, wenn wieder eine Attacke auftritt, ohne medizinische Hilfe sein. In der Nähe eines Krankenhauses, einer Arztpraxis oder auch einer Apotheke fühlte er sich sicherer. Gar nicht mehr vertrug er es, sich in Kaufhäusern oder Kinos aufzuhalten. In Begleitung seiner Eltern oder seiner Freundin ging es ihm besser.

Dies alles engte seinen Aktionsradius stark ein. In der Therapie wurde zunächst der Teufelskreis von körperlichen Symptomen und Angst erörtert, die in die Panikattacken münden. In der Folge führte er Expositionsübungen durch, in denen er sich an die Furcht auslösenden Orte begab und dadurch die Phobie überwand.

(2) Agoraphobie mit Panikstörung (Schwindel): Die 65-jährige Frau mit Panikstörung wollte aus Furcht vor einer Schwindelattacke nicht mehr auf die Straße gehen. Nur zu Hause fühlte sie sich sicher. Wagte sie es doch, das Haus zu verlassen, ging sie nahe an den Hauswänden und an Geländern, um sich, falls nötig, halten zu können. Ein Sturz war ihr aber noch nie passiert. Ein wichtiger Teil der Psychotherapie waren auch hier Expositionsübungen. Zunächst in Begleitung und später allein ging sie bald wieder ohne Furcht. Den gelegentlich noch auftretenden leichten Schwindelzuständen schenkte sie kaum mehr Beachtung.

Empfehlenswerte Literatur

Patientenratgeber:
Schmidt-Traub, S. (2008): Angst bewältigen. Selbsthilfe bei Panik und Agoraphobie. 4., neu bearb. Aufl. Springer, Heidelberg.
Rufer, M., Alsleben, H., Weiss, A. (2004): Stärker als die Angst. Elesevier, Amsterdam.

3.3
Generalisierte Angststörung

Wie erkennen Sie eine generalisierte Angststörung?

Weisen Sie eine übermäßige Ängstlichkeit und Besorgtheit in verschiedenen Lebensbereichen auf und erwarten das Eintreten eines negativen Ausgangs? Diese Bereiche sind z. B. die Familie, die Arbeit, Finanzielles oder die Gesundheit.

▲ Die Diagnose trifft zu, wenn die Symptomatik der obigen Beschreibung entspricht. Wenn die Symptome immer gemeinsam mit einer Depression auftreten, wird nur die Depressionsdiagnose gestellt. Bei Depressionen können Symptome von der Art der generalisierten Angststörung auftreten.

Ankreuzen:
❏ Zutreffend   ❏ Teilweise zutreffend   ❏ Nur früher zutreffend

Informationen

Viele Betroffene erkennen die generalisierte Angststörung nicht eindeutig als krankhaften Zustand. Sie nehmen ihre Sorgen hin, als ob sie zu ihrer Person gehörten.

Die Störung beginnt oft im frühen Erwachsenenalter und verläuft ohne Behandlung meist chronisch. Das Leben der Patienten kann zu einer einzigen Sorge werden. Fast alle Patienten leiden zeitweilig noch an anderen psychischen Störungen, so an Depressionen und weiteren Angststörungen.

Ca. 3 % der Bevölkerung sind von der generalisierten Angststörung betroffen, Frauen häufiger als Männer. Die Behandlung erfolgt mit kognitiver Verhaltenstherapie. Bei Therapieresistenz gibt man zusätzlich Antidepressiva.

Beispiele

(1) Typische generalisierte Angststörung: Der 38-jährige Laborant war in den verschiedensten Lebensbereichen ängstlich und überbesorgt. War der Ehefrau, die seit 10 Minuten zu Hause sein sollte, etwas zugestoßen? Würde die Mietwohnung vom Besitzer gekündigt? Dann müssten die Kinder an einem anderen Ort zur Schule gehen und hätten wohl später schlechtere Chancen im Leben. Welche negative Nachricht bedeutete der bei der Post abzuholende eingeschriebene Brief? Der Mann war nicht in Behandlung. Es wäre möglich, die übermässigen Ängste mit Hilfe einer Psychotherapie zu überwinden.

(2) Generalisierte Angststörung, aber gutes Ertragen existenzieller Ängste: Die 58-jährige Logopädin hatte in ihrem Leben schwere Belastungen ertragen, aber es war nicht das, was sie krank machte. Nach 19 Jahren Tätigkeit teilte ihr die Klinikleitung mit, ihre Stelle würde gestrichen. Man widerrief dies aber wenig später. Diese Verunsicherung ertrug sie bewundernswert, auch als sie jedes Jahr auf die Vertragserneuerung warten musste. Andererseits machte sie sich immer Sorgen um andere mögliche

Probleme. Sie kontrollierte ihre Anlagen bei der Bank nicht mehr, weil sie befürchtete, sie könnte im Pensionsalter finanziell nicht durchkommen. Zu medizinischen Vorsorgeuntersuchungen begab sie sich nicht, aus Furcht, deren Ergebnisse würden vielleicht schlecht sein. Eine andere Sorge war, dass ihr Sohn wegen seiner Belastung im Beruf in der Ehe Probleme bekommen könnte. Sie vermied es, sich mit diesen ihren Themen näher zu beschäftigen, denn sie erwartete, dass die Sorgen sie dann überwältigen würden. Allmählich konnte sie in der Psychotherapie freier mit ihnen umgehen.

Empfehlenswerte Literatur

Patientenratgeber:
Hoyer, J., Beesdo, K., Becker, E.S. (2007): Ratgeber generalisierte Angststörung. Informationen für Betroffene und Angehörige. Hogrefe, Göttingen.

3.4
Einfache Phobien

Wie erkennen Sie eine einfache Phobie?

Haben Sie eine übermäßige Furcht vor bestimmten Objekten oder Situationen, wobei Sie eigentlich wissen, dass die Furcht übertrieben oder ganz unberechtigt ist?

Zu nennen sind:
- besondere Orte wie geschlossene Räume (z. B. Lifte, Flugzeuge) oder große Höhen,
- Tiere wie Hunde, Schlangen, Spinnen,
- Verlust der Unversehrtheit des Körpers, z. B. Anblick von Wunden oder Blut, Blutabnahmen, Injektionen, Zahnbehandlungen,
- Naturphänomene wie Blitz, Donner, Stürme, Dunkelheit.

Solche Objekte bzw. Situationen werden nach Möglichkeit gemieden. Werden Sie doch damit konfrontiert, tritt starke Angst auf.

▲ Die Diagnose trifft zu, wenn die Symptomatik der obigen Beschreibung entspricht. Die Diagnose wird nur berücksichtigt, wenn die Störung eine wesentliche Beeinträchtigung im Leben darstellt.

Ankreuzen:
❏ Zutreffend   ❏ Teilweise zutreffend   ❏ Nur früher zutreffend

Informationen

Einzelne der einfachen Phobien haben spezielle Namen, wie *Klaustrophobie* für die Furcht vor geschlossenen Räumen. Einfache Phobien bleiben unbehandelt meist bestehen. Andererseits beeinträchtigen sie die Person nicht, solange sie die Situation vermeiden kann.

Einfache Phobien sind häufig. Ca. 25 % der Frauen und 10 % der Männer weisen die eine oder andere Form auf. Sie beginnen zum Teil ausgelöst durch ein Ereignis, z. B. eine Hundephobie nach einem Hundebiss, oft aber unerklärt. So können Angehörige des Flugpersonals nach jahrzehntelanger zwischenfallfreier Tätigkeit plötzlich an einer Flugphobie leiden.

Die Behandlung erfolgt mit kognitiver Verhaltenstherapie. Dabei setzt sich der Patient den Angst machenden Objekten bzw. Situationen in Expositionsübungen aus. Die Therapie ist einfach und dauert meist nur wenige Sitzungen.

Beispiele

(1) Wespenphobie: Die 45-jährige Sekretärin hatte eine panische Angst vor Wespen. Sie konnte dies geschickt verheimlichen. Wenn eine Wespe ins Büro flog, verließ sie diskret den Raum und kam erst nach einiger Zeit wieder. Eines Tages wurde sie befördert, hatte nun Besprechungen zu leiten und konnte den Raum nicht mehr einfach verlassen. Deswegen kam sie in Psychotherapie. Innerhalb weniger Sitzungen, in der sie sich in Expositionsübungen an die Anwesenheit von Wespen gewöhnte, war die Phobie behoben.

(2) Flugphobie: Ein Fußballspieler, der mit seinem Klub in die nächst höhere Liga aufstieg, hatte plötzlich ein Problem. Während die Mannschaft bis dahin zu den Auswärtsspielen per Bus fuhr, reiste man nun mit dem Flugzeug. Er hatte aber eine unüberwindbare Furcht, eine Maschine zu besteigen. Es ist nicht bekannt, wie er die Schwierigkeit bewältigte. Jedenfalls spielte er nach einer Unterbrechung auch in den Städten der Gegner. In jedem Fall ist eine Flugzeugphobie gut zu behandeln.

Empfehlenswerte Literatur

Patientenratgeber:
Rufer, M., Alsleben, H., Weiss, A. (2004): Stärker als die Angst. Elesevier, Amsterdam.

3.5 Sozialphobie

Wie erkennen Sie eine Sozialphobie?

Haben Sie eine übermäßige Furcht, sich in Situationen zu begeben, in denen sie von anderen Menschen kritisch beobachtet werden könnten?

Dabei besteht die Erwartung, negativ beurteilt zu werden oder eine als peinlich empfundene Reaktion wie Zittern, Schwitzen, Erröten oder Erbrechen zu zeigen. Solche Situationen treten im Kontakt mit wenig vertrauten Personen auf, z. B. bei Partys, beim Vortragen, beim Sprechen mit Autoritätspersonen, beim Sich-zu-Wort-Melden in der Schule oder im Beruf, beim gemeinsamen Essen und Trinken oder beim Schreiben vor anderen. Jede Art von zwischenmenschlichem Kontakt kann betroffen sein.

Solche Situationen werden nach Möglichkeit gemieden. Geraten Sie doch in eine solche Situation, tritt starke Angst auf.

▲ Die Diagnose trifft zu, wenn die Symptomatik der obigen Beschreibung entspricht. Wenn die Symptome immer gemeinsam mit einer Depression auftreten, wird nur die Depressionsdiagnose gestellt. Bei Depressionen können Symptome von der Art der Sozialphobie auftreten.

Ankreuzen:
❏ Zutreffend ❏ Teilweise zutreffend ❏ Nur früher zutreffend

Informationen

Die Störung beginnt in der Regel in der späten Kindheit oder der Pubertät. Die Betroffenen sind scheu, wagen es in der Schule nicht, sich zu Wort zu melden, erlernen wegen ihrer Schüchternheit oft nicht einen für sie angemessenen Beruf und haben Schwierigkeiten bei der Partnersuche. Unbehandelt verläuft die Sozialphobie meist chronisch. Viele Patienten behalten die Symptome für sich.

Meist liegt eine *generalisierte Form* der Sozialphobie vor, bei der die meisten Arten des zwischenmenschlichen Kontakts betroffen sind. Ausgenommen sind nur die nächsten Angehörigen. Selten besteht eine *isolierte Sozialphobie*. Hier ist nur ein Bereich beeinträchtigt, z. B. öffentliches Sprechen oder Musizieren.

Bei Patienten mit einer Sozialphobie findet man gehäuft Depressionen und andere Angststörungen. Alkohol und Beruhigungsmittel dämpfen die Ängste vorübergehend, ohne sie wirklich zu verbessern. So können Suchtkrankheiten entstehen. Bis zu 3 % der Bevölkerung leiden an einer Sozialphobie, Frauen häufiger als Männer.

Die Behandlung erfolgt mit kognitiver Verhaltenstherapie. Dabei erkennt der Patient die Irrationalität seiner Ängste und setzt sich in Expositionsübungen den Furcht machenden Situationen aus. Bestehen Defizite der sozialen Geschicklichkeit, werden diese behoben. Bei Therapieresistenz gibt man zusätzlich Antidepressiva. Die Behandlung kann langdauernd sein.

Beispiele

(1) Schwere Sozialphobie: Die 20-jährige kaufmännische Angestellte befürchtete sehr – und war davon so gut wie überzeugt –, ihre Berufskollegen würden, was sie sagte und wie sie sich gab, als «unmöglich» betrachten. In den Arbeitspausen zog sie sich auf die Toilette zurück, wo sie ihr Brot aß, um sich fremden Blicken zu entziehen. Sie nahm in der Straßenbahn einen Fensterplatz ein und schaute hinaus, um nicht von jemandem angesehen zu werden. Die Wochenenden verbrachte sie alleine oder mit ihren Eltern, obwohl sie im Grunde gerne ausgegangen wäre. In der kognitiven Verhaltenstherapie konnte sie, unterstützt durch Medikamente, ihre Ängste allmählich ablegen.

(2) Leichtere Sozialphobie: Der 29-jährige Mann hatte sein Studium an einer technischen Universität absolviert und arbeitete nun in einem großen Betrieb. Insgeheim befürchtete er immer, die Mitarbeiter, und noch mehr die Vorgesetzten, würden ihn bei seiner Arbeit beobachten und negativ über ihn denken. Diese taten dies aber nicht mehr, als es in jedem Betrieb üblich ist, und merkten nicht, welche Gedanken er hatte. Lediglich etwas zurückhaltend wirkte er auf sie. Vorträge waren für ihn ein Horror, weil er befürchtete, mit bebender Stimme zu sprechen und den Laserpointer zitternd zu führen. Ebenso stresste es ihn, wenn es bei einem festlichen Anlass im Betrieb einen Aperitif gab. Er erwartete, dass das Glas wackelte, was in leichter Form auch geschah.

Alle diese Symptome besserten sich während der Therapie. Wichtig dabei war, dass er sich allen Problemsituationen aussetzte. Das Zittern wurde von der Umgebung weniger registriert, als er erwartet hatte. Soweit dies geschah, nahm er es in Kauf, und als er das getan hatte, legte sich auch dieses Symptom.

(3) Leichte Sozialphobie: Die 20-jährige Studentin schien eine natürliche junge Frau mit einer positiven Lebenseinstellung zu sein. Dies stimmte auch. Ihre beste Freundin wusste aber, dass sie auch eine andere Seite hatte, von der sie kaum sprach. Sie machte zwar bei vielen Aktivitäten mit, ganz für sich selbst dachte sie aber, sie würde letztendlich von den anderen abgelehnt oder höchstens geduldet. Auch im Laufe einer Psychotherapie, die aus anderen Gründen begonnen wurde, wurde dieses Problem erst mit der Zeit offenkundig, so sehr versteckte sie diesen Teil ihrer Person. Irgendwie hatte sie ihre scheue Art als gegeben angenommen. Die Information, dass diese Problematik behandelt werden kann, freute sie, mit einem Schuss Skepsis. Die Therapie läuft noch. Die Chancen auf einen Erfolg sind gegeben.

Empfehlenswerte Literatur

Patientenratgeber:
Fehm, L., Wittchen, H. U. (2004): Wenn Schüchternheit krank macht. Ein Selbsthilfeprogramm zur Behandlung sozialer Phobien. Hogrefe, Göttingen.

3.6 Zwangsstörung

Wie erkennen Sie eine Zwangsstörung?

Haben Sie sog. Zwangssymptome, d. h. Zwangsgedanken oder Zwangshandlungen?

Zwangsgedanken sind sich immer wieder aufdrängende quälende Gedanken oder Vorstellungen, welche die Person als unsinnig erkennt und zu unterdrücken versucht.

Zwangshandlungen erfolgen meist als Reaktion auf Zwangsgedanken, um eine von diesen ausgehende Befürchtung zu vermindern. Sie können auch aus einem Druck heraus entstehen, eine innere Spannung zu vermindern. Die Person versucht, der Handlung zu widerstehen, gibt schließlich jedoch nach. Dies führt zu vorübergehender Entlastung, bis sich der Druck erneut einstellt.

Beispiele von Zwangsgedanken sind Befürchtungen, sich durch Beschmutzung eine Krankheit zuzuziehen, Pflichten nicht zu erfüllen oder sich aggressiv oder sexuell unangemessen zu verhalten.

Beispiele von Zwangshandlungen sind übermäßiges Reinigen, Kontrollieren und Ordnen, oder das Sammeln und Aufbewahren von Gegenständen in der Annahme, diese nochmals zu benötigen. Zwangshandlungen können sich auch rein gedanklich abspielen, indem die Person wiederkehrende quälende Zwangsgedanken durch gegenteilige Gedanken zurückzunehmen versucht. →

▲ Die Diagnose trifft zu, wenn die Symptomatik der obigen Beschreibung entspricht. Wenn die Symptome immer gemeinsam mit einer Depression auftreten, wird nur die Depressionsdiagnose gestellt. Bei Depressionen können Symptome von der Art einer Zwangsstörung auftreten.

Ankreuzen:

❏ Zutreffend ❏ Teilweise zutreffend ❏ Nur früher zutreffend

Informationen

Die Symptome können vielfältig sein. Meist bestehen sowohl Zwangsgedanken als auch Zwangshandlungen. Die Zwangsstörung kann dazu führen, dass sich der Patient fast den ganzen Tag mit seinen Zwängen beschäftigt und alle anderen Aktivitäten aufgibt. Nach Möglichkeit werden Situationen gemieden, die Zwangssymptome auslösen können. Viele Patienten versuchen, die Symptome für sich zu behalten, was bei leichteren Erkrankungen auch gelingen kann. Oft aber wird die Familie in die Symptome einbezogen, z. B. durch die Aufforderung, sich an übertriebene Reinlichkeitsrituale zu halten. Unbehandelt verläuft die Zwangsstörung oft chronisch.

Bei Patienten mit einer Zwangsstörung treten gehäuft Depressionen und andere psychische Störungen auf. 2–3 % der Bevölkerung leiden im Laufe des Lebens an einer Zwangsstörung.

Die einzig wirksame Behandlung ist die kognitive Verhaltenstherapie. Nachdem der Patient die Irrationalität seiner Befürchtungen erkannt hat, setzt er sich in Expositionsübungen schrittweise den Angst machenden Situationen aus und lernt, die Zwangshandlungen zu unterlassen. Bei Therapieresistenz gibt man zusätzlich Antidepressiva vom Typ der sog. Serotoninwiederaufnahmehemmer.

Beispiele

(1) Kontrollzwang: Der 34-jährige Buchhändler hatte die Befürchtung, beim Verlassen der Wohnung nicht alle Lampen und elektrischen Geräte abgeschaltet zu haben und dadurch vielleicht das Haus in Brand zu setzen. Deswegen kontrollierte er jeden Tag die Schalter viele Male und war sich am Schluss doch nicht sicher, ob alles in Ordnung war. In der Psychotherapie lernte er, das Kontrollieren wieder auf ein normales Maß zu reduzieren.

(2) Waschzwang: Die Störung der damals 55-jährigen Patientin liegt Jahrzehnte zurück. Sie befürchtete, sie könnte sich mit dem Tollwuterreger infiziert haben und die Erkrankung an andere weitergeben. Deswegen führte sie schier endlose Waschrituale durch. Die Zusicherung, dass sie die Tollwut nicht hatte und diese nicht durch einfachen Händedruck übertragen wird, beruhigte sie nicht. Es konnte ihr damals, als die modernen Therapien noch nicht zur Verfügung standen, kaum geholfen werden. Heute beziehen sich solche Befürchtungen gelegentlich auf AIDS.

(3) Zwanghaftes Sammeln und Aufbewahren: Die 38-jährige Hausfrau erhielt diverse Zeitungen. Ein unwiderstehlicher Druck, unter dem sie stand, veranlasste sie, Zeitungsartikel und andere Papiere aufzubewahren, weil sie diese noch einmal für etwas Wichtiges benötigen könnte. Schließlich war ihre Wohnung nicht nur überfüllt, sondern unbewohnbar. Sie wusste irgendwie, dass dieses Sammeln und Aufbewahren übertrieben war, konnte aber damit nicht aufhören.

Empfehlenswerte Literatur

Patientenratgeber:
Baer. L. (1993): Alles unter Kontrolle. Zwangsgedanken und Zwangshandlungen überwinden. Verlag Hans Huber, Bern.

Angehörigenratgeber:
Rufer, M., Fricke, S. (2009): Der Zwang in meiner Nähe. Rat und Hilfe für Angehörige von zwangskranken Menschen. Verlag Hans Huber, Bern.

3.7 Posttraumatische Belastungsstörung (PTBS)

Wie erkennen Sie eine posttraumatische Belastungsstörung (PTBS)?

Waren Sie einem außerordentlich belastenden Ereignis körperlicher oder seelischer Art ausgesetzt?

Beispiele sind Naturkatastrophen, Kriegshandlungen, Vergewaltigung, Raub, Geiselnahme, Folter, schwere Verletzung, Todesgefahr, Gefahr schwerer Verletzung. Auch sexueller oder ein sonstiger schwerer Missbrauch in der Kindheit ist zu nennen, ebenso schwerste Attacken gegen die Integrität der Person, einschließlich Extremfällen von Mobbing. Auch nur Zeuge eines solchen Ereignisses zu sein, kann zur Erkrankung führen.

Im Anschluss an das Ereignis traten innerhalb von Wochen, selten mit einer Verzögerung von bis zu Jahren, wiederkehrende, sich aufdrängende Nachhallerinnerungen (Flashbacks) an das Erlebte auf. Diese zeigen sich in Gedanken oder Bildern mit den begleitenden belastenden Gefühlen. Auch regelmäßige nächtliche Albträume vom Ereignis sind möglich.

Situationen, welche Nachhallerinnerungen auslösen können, werden nach Möglichkeit gemieden.

▲ Die Diagnose trifft zu, wenn die Symptomatik der obigen Beschreibung entspricht.

Ankreuzen:
❏ Zutreffend   ❏ Teilweise zutreffend   ❏ Nur früher zutreffend

Informationen

Nach einem außerordentlich belastenden Ereignis haben viele Personen vorübergehend Symptome der PTBS. In der Regel ist von einer Krankheit erst zu sprechen, wenn die Symptome in ausgeprägter Form bestehen bleiben. Das Risiko eines schweren Verlaufs ist erhöht, wenn das Ereignis von Menschenhand absichtlich zugefügt wurde.

Das Bild der posttraumatischen Belastungsstörung kann sich im Laufe der Zeit verändern. Nach mehrjährigem Verlauf stehen oft Veränderungen der Person im Vordergrund, während die Nachhallerinnerungen abgenommen haben. Diese Persönlichkeitsveränderungen können schwerwiegend sein und zeigen sich in Resignation, Reizbarkeit, Gleichgültigkeit für eigene oder fremde Bedürfnisse, Unverlässlichkeit und erhöhter Erschöpfbarkeit.

Therapeutisch benötigt der Patient zunächst die Möglichkeit, sich auszusprechen und emotionale Unterstützung zu erhalten. Dann wird das Erlebte nochmals genau durchgegangen. Belastende Emotionen und die Furcht vor ihnen werden, u. a. in Expositionsübungen, abgebaut. Schließlich soll es dem Patienten gelingen, eine Neuorientierung im Leben zu finden.

Um das Auftreten einer posttraumatischen Belastungsstörung zu vermeiden, ist es im unmittelbaren Anschluss an solche Ereignisse wichtig, die Betroffenen durch Gespräche und emotionale Präsenz zu stützen.

Beispiele

(1) PTBS nach Autounfall: Ein Autofahrer war der letzte im Stau, als ein anderer Wagen in seinen krachte. Er erlitt ein sog. Schleudertrauma der Halswirbelsäule. Einige Restbeschwerden blieben auf Dauer. Als psychische Unfallfolge traten bald nach dem Ereignis Nachhallerinnerungen auf. Diese stellten sich besonders im Stau ein. Er hatte zunächst Mühe, überhaupt noch Auto zu fahren. Mit Hilfe der Psychotherapie überwand er das Problem allmählich.

(2) PTBS nach Mobbing: Die 38-jährige Lageristin wurde, wie sich herausstellen sollte, grundlos beschuldigt, sie habe einer Mitarbeiterin in den Scheidenbereich gegriffen. Der Vorwurf war eine Verleumdung. Entgegen den dienstrechtlichen Prinzipien erfolgte keine Abklärung, sondern die Freistellung und Entlassung. Sie war über das Vorgefallene zutiefst schockiert. Nachhallerinnerungen traten sozusagen überall auf. Sie wagte es nicht mehr, auf die Straße zu gehen, und vor allem nicht, Mitarbeiterinnen oder Mitarbeiter des Betriebs zu treffen oder sich an einer neuen Stelle vorzustellen. Monatelang war sie arbeitsunfähig. Zu allem Überfluss empfahl der Vertrauenspsychologe der Taggeldversicherung – die in der Schweiz den Lohnausfall bei Arbeitsunfähigkeit ersetzt –, die Leistungen zu verweigern. Es entstand ein Rechtsstreit, den sie auf der ganzen Linie gewann. Die offene Auseinandersetzung mit der Verleumdung unter dem Schutz der Therapie war letztlich die beste Expositionsübung, um ihre posttraumatischen Symptome abzulegen.

(3) PTBS nach sexuellem Missbrauch: Eine heute pensionierte Frau wurde im Alter von 14–16 Jahren vom Freund ihrer Mutter sexuell missbraucht. Die Mutter wusste dies, aber es herrschte vollständiges Schweigen, was für das damals junge Mädchen furchtbar war. Ihr gesamtes weiteres Leben wurde beeinträchtigt. Alles Erotische und Sexuelle führte zu Nachhallerinnerungen. Sie konnte die Sexualität nie genießen. Die Beziehung zu ihrem Mann, dem sie die Hintergründe nicht offenbarte, litt sehr darunter.

Empfehlenswerte Literatur

Patientenratgeber:
Boos, A. (2007): Traumatische Ereignisse bewältigen. Hilfe für Verhaltenstherapeuten und ihre Patienten. Hogrefe, Göttingen.
Gschwend, G. (2006): Nach dem Trauma. Ein Handbuch für Betroffene und ihre Angehörigen. Verlag Hans Huber, Bern.

4. Körperliche Symptome als psychische Störung

4.1
Somatisierungsstörung

Wie erkennen Sie eine Somatisierungsstörung?

Haben Sie körperliche Symptome, für die nach umfassenden medizinischen Untersuchungen keine körperliche Ursache gefunden wurde, und bleiben Sie trotzdem wegen dieser Symptome besorgt?

Die Symptome können immer gleich bleiben oder wechseln. Zu nennen sind:

- Schmerzen in der Herzgegend, Herzklopfen,
- Druckgefühl im Bauch, Übelkeit, Völlegefühl,
- Schmerzen im Bereich der Harnblase,
- Schmerzen im Bereich der Muskeln, der Gelenke, im Rücken.

▲ Die Diagnose trifft zu, wenn die Symptomatik der obigen Beschreibung entspricht. Wenn die Symptome immer gemeinsam mit einer Depression bestehen, wird nur die Depressionsdiagnose gestellt. Bei Depressionen können Symptome von der Art der Somatisierungsstörung auftreten.

Ankreuzen:
❑ Zutreffend ❑ Teilweise zutreffend ❑ Nur früher zutreffend

Informationen

Bei der Somatisierungsstörung liegen körperliche Beschwerden vor, die mit den Untersuchungen der modernen Medizin nicht erklärt werden können. Man nimmt an, dass, aus unbekannten Gründen, das feine Zusammenspiel verschiedener Organsysteme gestört ist. Gesundheitlich stellt dies für den Organismus keine Gefahr dar. Auch besteht eine psychiatrische Komponente der Erkrankung. So sind die Patienten auf die Beschwerden, als Teil des Gesamtzustandes, übermäßig konzentriert und über sie besorgt. Angst und Besorgnis können zu einer Verstärkung der Beschwerden führen, ebenso psychische Belastungen.

Die Patienten neigen dazu, unnötige medizinische Abklärungen durchführen zu lassen. Immer ist aber durch eine medizinische Untersuchung eine körperliche Krankheit auszuschließen. Der Verlauf der Somatisierungsstörung ist oft chronisch. Als zusätzliche psychische Krankheiten kommen nicht selten Depressionen und Angststörungen vor.

Ca. 2–3% Bevölkerung sind im Laufe des Lebens von einer Somatisierungsstörung betroffen, Frauen häufiger als Männer.

Die körperlichen Beschwerden können zum Teil mit Medikamenten und anderen Maßnahmen der somatischen Medizin beeinflusst werden. Wichtig ist die Aufklärung der Patienten darüber, dass die Beschwerden nicht gefährlich sind, ebenso unnötige Abklärungen und Eingriffe zu vermeiden. Die Überbesorgtheit wird mit kognitiver Verhaltenstherapie behandelt.

Der Somatisierungsstörung nahe stehen verschiedene körperliche Beschwerden, die vermeintlich durch schädliche Umweltfaktoren bedingt sind. Wenngleich in Einzelfällen negative chemische oder physikalische Einflüsse möglich sind – eine Abklärung der Situation ist berechtigt –, handelt es sich in aller Regel um eine psychische Störung. Bei der sog. multiplen chemischen Sensitivität (MCS) werden Chemikalien in der Umwelt für die Störung verantwortlich gemacht. Neben körperlichen bestehen auch psychische Symptome wie Anspannung, Angst, Müdigkeit und Schlaflosigkeit. Auch bei vermeintlichen Schäden durch Elektrosmog können solche Beschwerden bestehen. Nur selten gelingt es, die Betroffenen vom Fehlen solcher Zusammenhänge zu überzeugen.

Beispiele

(1) Somatisierungsstörung mit wechselnder Symptomatik: Die 37-jährige nicht berufstätige Frau fühlte sich seit Jahren kränklich. Oft hatte sie Unterbauchbeschwerden. Auch nach mehreren Operationen wurde keine Ursache gefunden. Zeitweise hatte sie Schmerzen in Muskeln und Sehnen. Auch hier fand man nichts. Der Hausarzt erklärte ihr nach eingehender erneuter Untersuchung, dass sie keine gefährliche Krankheit hatte. Trotzdem blieb sie um ihre Gesundheit besorgt. In Jahresabständen vorgenommene Checkups halfen ihr, an Sicherheit bezüglich ihrer körperlichen Verfassung zu gewinnen.

(2) Somatisierungsstörung mit konstanter Symptomatik: Bei der damals 25-jährigen Verkäuferin traten einige Tage nach einer komplikationslosen Operation Herzklopfen und Herzrasen nach nur geringen Anstrengungen auf, zudem Zustände subjektiver Schwäche. Alle medizinischen Abklärungen verliefen ergebnislos. Die Symptome blieben bestehen, schwächten sich aber mit den Jahren ab. Medikamente halfen kaum. Ein körperliches Aufbautraining bewirkte eine geringe Besserung. Eine Psychotherapie trug dazu bei, dass ihre ängstliche Besorgtheit abnahm, ohne dass die Symptome verschwanden.

(3) Sog. multiple chemische Sensitivität: Die 36-jährige, wegen ihrer Erkrankung heute invalide, vor Jahren noch berufstätige Bankangestellte wies verschiedene körperliche Beschwerden auf, so ein Kribbeln in der Haut, Herzklopfen und einen Druck im Bauch. Sie fühlte sich allgemein schlecht. Es schien ihr, dass diese Symptome erstmals aufgetreten waren, als sie ihre neue Wohnung bezog, und dass sich die Beschwerden immer verstärkten, wenn sie in der Wohnung war. Auch konnte sie dort den Geruch von Lackstoffen wahrnehmen. Die arbeitsmedizinische Abklärung verlief ergebnislos. Sie hatte in Wirklichkeit Symptome nach der Art der Somatisierungsstörung. Sie verknüpfte den Lackgeruch mit den Symptomen, und wenn sie Lack roch, steigerten sich, rein angstbedingt, diese Symptome. Mehrmals wechselte sie die Wohnungen, in denen sie die gleichen Chemikalien vorzufinden glaubte, und schränkte zur Vermeidung vermuteter Schadstoffe ihr Leben massiv ein. Es gelang nicht, ihr die Zusammenhänge aufzuzeigen. Schließlich wurde sie, belastet durch Ängste, Vermeidungen und unbegründete Vorsichtsmaßnahmen, auf Dauer arbeitsunfähig.

4.2 Neurasthenie

Wie erkennen Sie eine Neurasthenie?

Sind Sie nach geringen Anstrengungen körperlich und/oder psychisch übermäßig erschöpft, und benötigen Sie eine deutlich verlängerte Erholungsphase?

▲ Die Diagnose trifft zu, wenn die Symptomatik der obigen Beschreibung entspricht. Wenn die Symptome immer gemeinsam mit einer Depression bestehen, wird nur die Depressionsdiagnose gestellt. Bei Depressionen können Symptome von der Art der Neurasthenie auftreten.

Ankreuzen:
❏ Zutreffend   ❏ Teilweise zutreffend   ❏ Nur früher zutreffend

Informationen

Neurasthenien beginnen nicht selten im Anschluss an Depressionen oder Angstkrankheiten, vereinzelt nach Infektionen oder auch ohne Vorerkrankung. Der Verlauf ist oft chronisch. Die Neurasthenie ist, wenn man leichte Formen mit einbezieht, relativ häufig. Immer sind körperliche Krankheiten durch eine entsprechende Untersuchung auszuschließen. Ein Aufbautraining wirkt symptomvermindernd. Wichtig ist das Aufrechterhalten einer genügenden körperlichen und geistigen Aktivität. Zum Teil entwickeln die Patienten eine Überängstlichkeit bezüglich jeglicher Anstrengung, weil sie sich im Anschluss an diese verstärkt erschöpft fühlen. Dies mag für den Moment zutreffen, längerfristig bessert sich jedoch die Fitness mit Aktivität.

Neurasthenien im Anschluss an Infektionen können ausnahmsweise schwer sein. Dann spricht man auch vom sog. Chronic Fatigue Syndrom (CFS) (übersetzt: chronisches Müdigkeitssyndrom). Es ist anzunehmen, dass in der akuten Infektion das Gehirn mit betroffen wurde und dabei subtile, mit den heutigen Untersuchungen nicht nachweisbare Schäden zurückblieben, die sich als chronische Müdigkeit auswirken.

Neurasthenien infolge eines *Burnout* haben oft einen günstigen Verlauf.

Beispiele

(1) Neurasthenie nach Depression: Eine Krankenschwester, 45-jährig, hatte schon mehrere Male in ihrem Leben Depressionen gehabt. Diese klangen ab. Nach einer erneuten Depression blieben jedoch Symptome zurück, die zuvor nicht bestanden. Die bis dahin kraftvolle Person konnte gerade noch den halben Arbeitstag vom Morgen bis zum Mittag bewältigen. Dann war sie ausgelaugt und benötigte den Nachmittag und Abend, um sich zu regenerieren. In der Freizeit unternahm sie, im Gegensatz zu früher, fast nichts mehr. Sie brauchte sehr viel Ruhezeit. Dieser Zustand konnte therapeutisch kaum beeinflusst werden. Sie musste ihr Leben an ihre verminderten Kräfte anpassen und wurde teilberentet.

(2) Neurasthenie nach Infektion: Ein junger Mann erkrankte an einer virusbedingten Angina, dem sog. Pfeifferschen Drüsenfieber, einer in den meisten Fällen harmlosen Erkrankung. Die Angina klang vollständig ab. Jedoch litt er seither unter dauernder Müdigkeit. Wenn er sich nur mäßig anstrengte, sei es körperlich oder geistig, hatte er nachfolgend schwere Erschöpfungszustände, die sich erst nach bis zu drei Tagen besserten. Er konnte seinen Beruf nicht mehr auszuüben, und sein persönliches Leben wurde schwer beeinträchtigt. Nach Jahren verringerte sich die Symptomatik etwas. Alle Therapien blieben erfolglos.

(3) Neurasthenie als Burnout: Die 41-jährige Lehrerin erfüllte mit Freude und Einsatz ihre Aufgaben in Beruf und Familie. Zu wenig dachte sie an ihr eigenes Leben und daran, dass auch ihre Kräfte begrenzt waren. Sie fiel eines Tages in einen Zustand der Erschöpfung, mit mehrmonatiger Arbeitsunfähigkeit. In der Psychotherapie lernte sie, ihre persönlichen Bedürfnisse besser wahrzunehmen und ein flexibleres Verhältnis zu den Anforderungen der Umwelt und ihrer selbst zu finden. Allmählich klang die Erschöpfung ab.

4.3
Hypochondrie, Dysmorphophobie

Wie erkennen Sie eine Hypochondrie oder Dysmorphophobie?

Befürchten Sie, an einer gefährlichen körperlichen Krankheit zu leiden, obwohl nach umfassenden medizinischen Untersuchungen diese Krankheit ausgeschlossen wurde (Hypochondrie)?

Sind Sie trotz normalem Aussehen überzeugt, körperlich entstellt oder missgestaltet zu sein? Oder überbewerten Sie einen bestehenden Makel stark (Dysmorphophobie)?

▲ Die Diagnose trifft zu, wenn die Symptomatik einer der beiden Beschreibungen entspricht. Wenn die Symptome immer gemeinsam mit einer Depression bestehen, wird nur die Depressionsdiagnose gestellt. Bei Depressionen können Symptome von der Art der Hypochondrie oder Dysmorphophobie auftreten.

Ankreuzen: *
❏ Zutreffend   ❏ Teilweise zutreffend   ❏ Nur früher zutreffend

* Wenn Sie «zutreffend» oder «teilweise zutreffend» angekreuzt haben, notieren Sie, um welche der beiden Störungen es sich handelt. Eine Doppelangabe ist möglich.

Art der Störung(en):
_____
_____
_____

Informationen

Beide Störungen werden traditionellerweise gemeinsam erörtert.

Hypochondrie bedeutet im Volksmund «eingebildete Krankheit». Die Befürchtungen des Patienten, an einer ernsten körperlichen Krankheit zu leiden, müssen ernst genommen werden und erfordern eine umfassende körperliche Untersuchung. Bei der Hypochondrie führt das negative Untersuchungsergebnis jedoch nicht dazu, dass sich der Patient beruhigt. Der Verlauf ist ohne psychiatrische Behandlung zum Teil chronisch. Gehäuft kommen zeitweilig Depressionen und Angststörungen vor. Die Therapie besteht in der Aufklärung darüber, dass keine ernste körperliche Krankheit vorliegt. Die Bearbeitung der übermäßigen Befürchtungen erfolgt mit kognitiver Verhaltenstherapie. Bei schweren Formen gibt man zusätzlich Antidepressiva.

Die *Dysmorphophobie* beginnt oft in der Adoleszenz. Ohne Behandlung ist der Verlauf in vielen Fällen chronisch. Frauen sind häufiger als Männer betroffen. Die meisten Patienten glauben, das Problem nur durch eine kosmetische Operation lösen zu können, und erkennen nicht die psychiatrische Komponente der Erkrankung. Die Operation bringt aber nicht die erhoffte Zufriedenheit. Im Gegenteil, es besteht die Gefahr, dass sich die negativen Vorstellungen auf das Operationsergebnis – etwa auf entstandene Narben – verlegen. Die Behandlung besteht in kognitiver Verhaltenstherapie, die den Patienten in die Lage versetzt, sein Bild vom körperlichen Aussehen zu korrigieren. In schweren Fällen gibt man zusätzlich Antidepressiva. Bei einem realen kosmetischen Problem ist ergänzend ein chirurgischer Eingriff sinnvoll.

Beispiele

(1) **Hypochondrie:** Der 47-jährige Beamte hatte ein Druckgefühl im Bauch. Er war so gut wie sicher, es liege eine schwerwiegende Krankheit vor, wahrscheinlich Krebs. Untersuchungen durch einen Magen-Darm-

Spezialisten, die negativ ausfielen, brachten ihm keine Beruhigung. Er fragte sich, ob der Facharzt gut gearbeitet hatte, und holte bei einer Kapazität eine Zweitmeinung ein. Trotz erneut negativem Ergebnis blieben ihm Zweifel zurück. Der dritte Facharzt meldete ihn nach nochmaliger Untersuchung bei einem Psychiater an, wozu er zögernd sein Einverständnis gab. Mit psychotherapeutischen Gesprächen, kombiniert mit einem Antidepressivum, lösten sich die Befürchtungen bis auf einen kleinen Rest an Angst um seine Gesundheit auf.

(2) Dysmorphophobie: Die 25-jährige Verkäuferin war von der Idee geplagt, hässliche Flecken im Wangenbereich zu haben. Selbst dem Arzt mussten die kleinen und farblich sich kaum von der sonstigen Haut abhebenden Veränderungen erst gezeigt werden, so unauffällig waren sie. Sie hatte bereits einen kosmetisch-chirurgischen Eingriff hinter sich und plante einen zweiten. Der Chirurg operierte nicht, denn er erkannte, dass das Problem nicht in sein Fachgebiet gehörte. Die Patientin wurde mit einer Psychotherapie und einem Antidepressivum erfolgreich behandelt.

4.4 Konversionsstörung

Wie erkennen Sie eine Konversionsstörung?

Haben Sie eines der nachstehenden Symptome, für das nach umfassenden medizinischen Untersuchungen eine körperliche Ursache ausgeschlossen wurde?

- Lähmungen von Körperpartien,
- Unsicherheit oder Unfähigkeit, zu gehen oder zu stehen,
- Verlust der Sprache oder Heiserkeit,
- Verlust der Tast-, Schmerz- oder Temperaturempfindung in bestimmten Körperregionen,
- Blindheit, Taubheit,
- Krampfanfälle, Bewusstseinsverlust,
- Verlust der Erinnerung für wichtige Teile der Lebensgeschichte.

▲ Die Diagnose trifft zu, wenn die Symptomatik der obigen Beschreibung entspricht.

Ankreuzen:
❏ Zutreffend ❏ Teilweise zutreffend ❏ Nur früher zutreffend

Informationen

Als Ursache von Konversionsstörungen nimmt man ein emotional schwer belastendes Ereignis an, das nicht verarbeitet werden kann, sondern verdrängt wird und unbewusst bleibt. Man sagt, das auftretende Symptom sei der symbolische Ausdruck des verdrängten Konflikts. Ungeklärt ist, warum eine Konversionsstörung nur bei bestimmten Personen auftritt. Konversionsstörungen beginnen oft plötzlich, zum Teil auch allmählich. Viele klingen von selbst rasch ab. Ein geringer Teil wird chronisch. Patienten mit chronischer Konversionsstörung benötigen eine psychoanalytische Psychotherapie und aktivierende Maßnahmen im Bereich der beeinträchtigten Funktion. Die Aufdeckung und Verarbeitung der verdrängten Konflikte ist die zentrale Aufgabe der Behandlung.

Beispiele

(1) Konversionsstörung mit Heiserkeit: Die 55-jährige Frau sprach nach dem Tod ihres Sohnes mit heiserer Stimme, ohne dass der Facharzt eine körperliche Ursache finden konnte. Das tragische Ereignis hatte ihr sozusagen «die Stimme verschlagen». Nach einigen Monaten verschwand die Heiserkeit von selbst.

(2) Konversionsstörung mit Querschnittslähmung: Die frisch diplomierte 31-jährige Krankenschwester blieb nach einer Schulteroperation bettlägerig. Sie konnte nicht mehr gehen und gab dazu an, sie fühle sich zu schwach. Die Ärzte fanden keinen wirklichen Grund dafür. Schließlich war sie, ohne nachgewiesene körperliche Ursache, an beiden Beinen gelähmt. Sie sollte dies viele Jahre, bis heute, bleiben. Was war geschehen? Die Schulleiterin hatte ihr nach der Abschlussprüfung mitgeteilt, sie sei wegen psychischer Instabilität für den Beruf nicht geeignet. Dass eine solche – im Übrigen zu späte – Aufklärung eine Person belastet, ist klar. Die Patientin verdrängte das Problem aus dem Bewusstsein. Warum dies aber eine Lähmung bewirkte, bleibt letztlich ein Rätsel. Es war keine Simulation, bei der Symptome absichtlich vorgetäuscht werden und in unbeobachteten Augenblicken verschwinden. Alle Therapieversuche scheiterten. Die Patientin lebt im Rollstuhl.

(3) Konversionsstörung mit Gedächtnisverlust: Ein junger Mann wurde in einem Schrebergarten aufgefunden. Er konnte nicht sprechen und auch nicht schriftlich mitteilen, wie er hieß, woher er kam und welche seine Muttersprache war. Die medizinische, insbesondere auch neurologische Untersuchung ergab normale Befunde. Er wurde in die Psychiatrische Klinik gebracht. Dort lernte er in drei Monaten gut Deutsch. Abgesehen davon, dass er weiterhin seine Vorgeschichte nicht kannte, war er psychisch unauffällig. Schließlich nahm er mit einem TV-Sender Kontakt auf und präsentierte sich in einer Sendung, in der nach vermissten Angehörigen gesucht wurde. Seine Verwandten in einem anderen Land erkannten ihn. Ein für ihn offenbar unerträglicher Konflikt um Finanzielles war ein ursächlicher Faktor der Erkrankung. Man kann vermuten, dass der Gedächtnisverlust seinen Wunsch zu vergessen ausdrückte. Als er fluchtartig seine Heimat verließ, war er nicht mehr im Vollbesitz seiner Gedächtnisfunktionen. Schrittweise kamen, unterstützt durch die Therapie, die Erinnerung und das normale Leben wieder.

(4) Konversionsstörung mit Blindheit: Die 48-jährige ehemalige Journalistin hatte, wie sich erst im Laufe der Behandlung herausstellte, sehr traumatische Erlebnisse in ihrer Kindheit und auch später im Leben durchgemacht. Sie verdrängte sehr vieles. Nach einem solchen Ereignis verlor sie im Alter von 39 Jahren plötzlich fast vollständig das Augenlicht. Neun Jahre lang sah sie höchstens unscharfe Schatten. Nachdem sie in der Therapie Hoffnung auf eine Veränderung im Leben gewonnen hatte und wichtige Erinnerungen wiedergekommen waren, konnte sie, mitten in der Sitzung, plötzlich wieder sehen.

5. Essstörungen

5.1
Magersucht

Wie erkennen Sie eine Magersucht?

Haben Sie ein starkes Untergewicht, welches Sie durch Hungern herbeigeführt haben?

Zur Berechnung verwendet man den sog. Body Mass Index (BMI). Er ist das Körpergewicht, dividiert durch die mit sich selbst multiplizierte Körpergröße (in Metern). Ein BMI von 17,5 oder weniger bedeutet starkes Untergewicht.

Trotz Untergewicht besteht die Befürchtung, noch immer zu dick zu sein. Bei Frauen bleibt die Menstruationsblutung aus.

▲ Die Diagnose trifft zu, wenn die Symptomatik der obigen Beschreibung entspricht.

Ankreuzen:

❏ Zutreffend   ❏ Teilweise zutreffend   ❏ Nur früher zutreffend

Informationen

Die genaue Fachbezeichnung für die Magersucht heißt *Anorexia nervosa*. Häufig spricht man einfach von Anorexie. Die Störung kommt fast nur bei Mädchen bzw. Frauen vor. Man sagt zu Recht, dass die abgemagerten Patientinnen, die sich immer noch zu dick fühlen, an einer gestörten Wahrnehmung des Körperschemas leiden. Das Untergewicht kann lebensgefährlich werden. Todesfälle kommen vor. Unbehandelt können Anorexien auf Dauer bestehen bleiben. Andererseits machen viele junge Mädchen eine anorektische Phase durch, die nach einiger Zeit von selbst verschwindet. Die meisten Betroffenen benötigen aber psychotherapeutische Hilfe. Etwa 1% der Frauen erkrankt im Leben an einer ausgeprägten Magersucht.

Im Rahmen der Behandlung, bei der die kognitive Verhaltenstherapie eine zentrale Rolle einnimmt, erlangen die Patientinnen ein normales Essverhalten wieder und lernen, mit den Befürchtungen um ihr angebliches Dicksein besser umzugehen.

Beispiele

(1) Leichte Magersucht: Das 17-jährige Mädchen hatte gute Chancen, eine erfolgreiche Balletttänzerin zu werden. Bewegung und Leichtigkeit beflügelten sie. Sie war schlank, ohne ein überflüssiges Gramm Fett. Ihr Wunsch war, noch leichter zu sein. Sie übte und übte und schien dabei die Nahrung zu vergessen. Als sie mager wurde, fand man sie nicht mehr schön, sie selbst aber fühlte sich noch zu dick und wollte weiter abnehmen. Es störte sie nicht, dass die Menstruation aussetzte. Erst als sich ihre Leistung verschlechterte und die Ballettlehrerin ein ernstes Wort mit ihr sprach, kam sie zur Besinnung. Sie aß fortan wieder normal, und die Episode ging zu Ende.

(2) Schwere Magersucht: Die junge Frau kam aus einer normalen, leistungsorientierten Familie. Mit 13 Jahren war sie übergewichtig geworden. Dies verabscheute sie und bekämpfte es mit Fasten und Waldläufen.

Bald war das Ziel erreicht, aber sie setzte das Fasten fort. Jede Nahrung wurde auf ihren Kaloriengehalt geprüft. Sie wurde sichtbar mager, und die Eltern machten sich Sorgen. Die Mutter kochte ihre Lieblingsspeisen, in der Hoffnung, sie so zum Essen zu bringen. Schließlich bestanden die Eltern auf einer Konsultation beim Kinderarzt, der eine Magersucht feststellte. Die Patientin begann eine Psychotherapie. Diese vermochte das Fortschreiten der Anorexie vorerst nicht aufzuhalten. Sie musste wegen einer lebensgefährlichen Unterernährung in ein Krankenhaus eingewiesen werden, wo sie über eine Sonde ernährt wurde. Es folgte ein mehrmonatiger Aufenthalt in einer Psychotherapiestation. Dort fand sie, bei strengen Kontrollen, zu normalem Essen zurück und nahm etliche Kilogramm zu. Sie schien ihren wieder normalgewichtigen Körper zu akzeptieren. Wegen erneuter Gewichtsabnahme nach dem Austritt musste sie aber nochmals stationär behandelt werden. Dies wiederholte sich zweimal. Dann stabilisierte sich ihr Zustand.

Empfehlenswerte Literatur

Patientenratgeber:
Vandereycken, W., Meermann, R. (2002): Magersucht und Bulimie. Verlag Hans Huber, Bern.

5.2 Bulimie

Wie erkennen Sie eine Bulimie?

Haben Sie Essattacken, bei denen Sie in kurzer Zeit, bedingt durch einen fast unwiderstehlichen Drang, große Mengen Nahrung zu sich nehmen?

Anschließend versuchen Sie, sich der Nahrung bzw. der aufgenommenen Kalorien wieder zu entledigen, z. B. durch absichtliches Erbrechen, die Einnahme von Abführmitteln oder Appetitzüglern, Hungern oder körperliche Aktivität.

▲ Die Diagnose trifft zu, wenn die Symptomatik der obigen Beschreibung entspricht.

Ankreuzen:
❏ Zutreffend ❏ Teilweise zutreffend ❏ Nur früher zutreffend

Informationen

Auch die Bulimie tritt ganz vorwiegend bei Mädchen bzw. jungen Frauen auf. 2–3 % der jungen weiblichen Bevölkerung erkranken an ihr. Die Bulimie hat eine suchtartige Komponente. Vor der Attacke besteht ein unangenehmer Gefühlszustand. Dieser wird durch den Sofortgenuss des Essens beendet und der Genuss wird exzessiv wiederholt. Bald zeigen sich seine längerfristigen negativen Effekte.

Die Bulimie beginnt oft in der Adoleszenz und kann unbehandelt viele Jahre weiterbestehen. Die Patientinnen schämen sich der bulimischen Verhaltensweisen und verheimlichen sie. Sie sind stark mit den Themen von Figur und Gewicht beschäftigt. Die Bulimie kann zu verschiedenen körperlichen Schäden führen.

Die Behandlung erfolgt in erster Linie mit kognitiver Verhaltenstherapie. Dabei eignen sich die Patientinnen wieder ein normales Essverhalten an. Es werden auch praktische Maßahmen zur Verhinderung der Essattacken erörtert. Wenn die Patientinnen nicht auf die therapeutischen Maßnahmen ansprechen, gibt man zusätzlich Antidepressiva vom Typ der sog. Serotoninwiederaufnahmehemmer.

Beispiele

(1) Typische Bulimie: Die 33-jährige Reisebüroangestellte, eine pflichtbewusste Mutter, hatte seit vielen Jahren eine Bulimie. Mehrmals pro Woche nahm sie, wenn sie zu Hause allein war, innerhalb kurzer Zeit große Mengen an Nahrung zu sich. Hinterher ging es ihr psychisch schlecht. Sie hatte starke Schuldgefühle wegen der Essattacken. Das Gegessene erbrach sie und blieb dadurch schlank. Trotz der kognitiven Verhaltenstherapie besserte sich die Symptomatik vorerst nicht. Irgendwie war sie unglücklich im Leben. Mit der Zeit erkannte sie, dass ihre Ehe ihren Bedürfnissen überhaupt nicht entsprach. In einer psychoanalytischen Therapie arbeitete sie die ungelösten persönlichen Probleme auf und entschloss sich, nach Paargesprächen, zur Trennung. Die Bulimie verschwand in der Folge.

Zu erwähnen ist, dass längst nicht immer eine Bulimie mit einer Partnerproblematik im Zusammenhang steht.

(2) Schwere Bulimie: Die 48-jährige ehemals in der Forschung arbeitende Naturwissenschaftlerin, die nun aber invalide war, hatte eine lange Vorgeschichte der Bulimie. Die Zähne waren als Folge des Erbrechens geschädigt, der Darm wegen des Abführmittelmissbrauchs, die Knochen durch den Mineralienverlust. Trotz einer langjährigen analytischen Psychotherapie trat keine wesentliche Symptomverbesserung ein, jedoch wurde sie als Person reifer. So war diese Therapie doch für den späteren Teilerfolg nicht nutzlos. In einer kognitiv-verhaltenstherapeutisch orientierten Psychotherapie wurden u. a. praktische Fragen der Lebensführung und die Vermeidung von Risikosituationen bulimischer Verhaltensweisen erörtert. So schwächte sich die Essstörung ab.

Empfehlenswerte Literatur

Patientenratgeber:
Fairburn, C.G. (2009): Ess-Attacken stoppen. Ein Selbsthilfeprogramm. Verlag Hans Huber, Bern.
Vandereycken, W., Meermann, R. (2002): Magersucht und Bulimie. Verlag Hans Huber, Bern.

5.3
Reine Essattacken

Wie erkennen Sie reine Essattacken?

Haben Sie Essattacken, bei denen Sie in kurzer Zeit, bedingt durch einen fast unwiderstehlichen Drang, große Mengen Nahrung zu sich nehmen?

Dabei werden nicht die bei der Bulimie beschriebenen Versuche unternommen, sich der Nahrung bzw. der aufgenommenen Kalorien wieder zu entledigen.

▲ Die Diagnose trifft zu, wenn die Symptomatik der obigen Beschreibung entspricht.

Ankreuzen:
❑ Zutreffend   ❑ Teilweise zutreffend   ❑ Nur früher zutreffend

Informationen

Reine Essattacken kommen bei Frauen und Männern vor. Oft entwickelt sich als Folge ein Übergewicht.

Therapeutisch wird, nach Ausschluss anderer Ursachen für das Übergewicht, eine Ernährungsberatung durchgeführt. Dies ist der erste Schritt der Therapie. Die Behandlung der Essattacken erfolgt kognitiv-verhaltenstherapeutisch. Wenn die Patienten auf die beschriebenen Maßnahmen nicht ansprechen, setzt man zusätzlich Medikamente ein.

Beispiel

(1) Schwere Essattacken: Die 36-jährige Sekretärin hatte wegen ihrer Essattacken 20 kg an Gewicht zugenommen und wurde, bei ursprünglich guter Figur, stark übergewichtig. Jeden Abend verschlang sie Unmengen. Wurde der Vorrat an Lebensmitteln im Hause zu gering, ging sie weg und besorgte noch etwas. Die Essattacken bereiteten ihr starke Schuldgefühle, weil sie sich nicht im Griff hatte. Über gesunde Ernährung wusste sie inzwischen alles. Die kognitive Verhaltenstherapie half für sich allein nur mäßig. Erst mit einem Medikament gelang es ihr, den Essdrang zu kontrollieren.

Empfehlenswerte Literatur

Patientenrageber:
Fairburn, C.G. (2009): Ess-Attacken stoppen. Ein Selbsthilfeprogramm. Verlag Hans Huber, Bern.

6. Schlafstörungen

Bemerkung: Von den beiden letzten beschriebenen Störungen (Nachtwandeln und Pavor nocturnus) weiß die jeweils betroffene Person oft nichts, weshalb zur Diagnose die Beobachtung anderer nötig sein kann.

Wie erkennen Sie Schlafstörungen?

Leiden Sie an einer der nachstehend beschriebenen Störungen?

Schlaflosigkeit: Einschlafstörungen (Einschlafdauer mehr als 30 Minuten), Durchschlafstörungen (mehrmaliges Erwachen oder einmalige lange Wachperiode) oder frühes Erwachen am Morgen (dabei Unmöglichkeit wieder einzuschlafen).

Übermäßige Schlafneigung: Überlange nächtliche Schlafdauer. Tagsüber zum Teil Schläfrigkeit. Mehr als 9 Stunden Gesamtschlaf pro 24 Stunden sind übermäßig.

Störung des Schlaf-Wach-Rhythmus mit Schlafphasenvorverlagerung: Schläfrigkeit und Einschlafen am frühen Abend. Erwachen am frühen Morgen, ohne weiterschlafen zu können.

Störung des Schlaf-Wach-Rhythmus mit Schlafphasenverzögerung: Einschlafen erst nach Mitternacht möglich. Erwachen gegen Mittag.

Störung des Schlaf-Wach-Rhythmus mit irregulärem Schlaf: Von Tag zu Tag wechselnde Schlafzeiten infolge plötzlich auftretender Schlafneigung.

Albträume: Regelmäßig angsterfüllte Träume mit ähnlichem Inhalt. Erinnerung daran am Morgen.

Nachtwandeln: Unvollständiges Erwachen aus dem Schlaf, Unansprechbarkeit, Ausführung einfacher Handlungen. Dann Fortsetzung des →

Schlafs, sofern Rückweg zum Bett gefunden wird. Keine Erinnerung daran am Morgen.

Pavor nocturnus: Erwachen aus tiefem Schlaf mit angsterfülltem Blick. Ausstoßen eines Schreis. Keine Erinnerung daran am Morgen.

▲ Die Diagnose trifft zu, wenn die Symptomatik einer der obigen Beschreibungen entspricht. Wenn eine Schlaflosigkeit oder eine übermäßige Schlafneigung immer gemeinsam mit einer Depression besteht, wird nur die Depressionsdiagnose gestellt. Schlafstörungen sind typische Depressionssymptome.

Ankreuzen:*

❏ Zutreffend ❏ Teilweise zutreffend ❏ Nur früher zutreffend

* Wenn Sie «zutreffend» oder «teilweise zutreffend» angekreuzt haben, notieren Sie, um welche Art der Störung es sich handelt. Mehrfachangaben sind möglich.

Art der Störung(en):
_____
_____
_____

Informationen

Schlaflosigkeit (Insomnie): Sie ist häufig, besonders im höheren Lebensalter. Nur ein Teil der Patienten fühlt sich am Tag unwohl. Bei Schlaflosigkeit ist daran zu denken, dass sie Teil einer Depression sein kann. Therapeutisch versucht man zunächst, den Schlaf mit den sog. Regeln der Schlafhygiene zu verbessern. Dazu gehört, immer zur ungefähr gleichen Zeit zu Bett zu gehen und vor dem Schlafen keine anregenden geistigen oder körperlichen Aktivitäten (Sex ausgenommen) durchzuführen. Auch ein sog. Schlafritual, z. B. ein Glas Milch trinken oder eine kurze Lektüre, können von Wert sein. Bei schwerer Schlaflosigkeit kommen Schlafmittel in Frage. Ein regelmäßiger Gebrauch soll in aller Regel vermieden werden. Alkohol kann das Einschlafen erleichtern, führt aber zu einem unterbrochenen Schlaf und ist als Schlafmittel eindeutig ungeeignet.

Übermäßige Schlafneigung (Hypersomnie): Hier konnte zwischen den verschiedenen, d. h. psychiatrischen und nicht psychiatrischen Formen übermäßiger Schlafneigung nicht unterschieden werden. Es gibt solche mit unbekannter Ursache, die dann als psychiatrisch betrachtet werden, und solche mit bekannter körperlicher Ursache, die den neurologischen und anderen körperlichen Krankheiten zugeordnet werden. Ihre Differenzierung ist nur in einem Speziallabor möglich.

Es gibt die sog. *idiopathische*, d. h. ohne bekannte Ursache auftretende *Hypersomnie*, die als psychische Störung betrachtet wird. Die *Schlafapnoe* ist eine körperliche Krankheit, bei der viele Male pro Nacht ein Stillstand der Atmung auftritt, der den Patienten jeweils weckt. Davon merkt er aber nichts. Er ist nur tagsüber müde und schläfrig. Eine extreme Einschlafneigung am Tag besteht bei der *Narkolepsie*, einer neurologischen Erkrankung, bei der bestimmte Gehirnzellen eine wachhaltende Übertragersubstanz nicht mehr produzieren. Jede länger dauernde Tagesschläfrigkeit soll in einem Schlaflabor mit Aufzeichnung der Gehirnströme (Schlaf-EEG) abgeklärt werden. Die Therapie ist je nach der Ursache unterschiedlich.

Störungen des Schlaf-Wach-Rhythmus: Die *Schlafphasenvorverlagerung* tritt gehäuft bei älteren, die *Schlafphasenverzögerung* vorwiegend bei jüngeren Menschen auf. Beide sind mit Schwierigkeiten verbunden, einen normalen Lebensrhythmus einzuhalten. Sie können mit speziellen Therapieprogrammen beeinflusst werden.

Albträume, Schlafwandeln, Pavor nocturnus: Es handelt sich vorwiegend um Phänomene des Kindes- und Jugendalters, die nur einen Krankheitswert besitzen, wenn sie längerdauernd bestehen. Auch im Erwachsenenalter können sie vorkommen.

Beispiele

(1) Schwere chronische Schlaflosigkeit: Die 35-jährige Pädagogin litt seit dem Alter von 20 Jahren, ohne erkennbare Ursache, an einem sehr belastenden, stundenlangem Wachbleiben vor dem Einschlafen. Alle modernen psychologischen Therapiemethoden blieben ohne Erfolg. So nahm sie, mit Disziplin, nur zweimal pro Woche ein Schlafmittel. Damit konnte sie ihr Schlafproblem auf einem erträglichen Niveau halten.

(2) Leichte Schlaflosigkeit: Der 45-jährige allein lebende Geschäftsmann hatte einen sensiblen Schlaf. Einschlafprobleme traten vor allem bei beruflichen oder persönlichen Spannungen auf. Dann sah er sich spannende TV-Sendungen an, bis er schläfrig wurde. Seit er gelernt hat, auch ohne Fernsehen zur Ruhe zu kommen, tritt der Schlaf früher ein. Auch half er früher gelegentlich mit einem doppelten Whisky nach. So schlief er besser ein, erwachte aber nach 4–5 Stunden. Ohne Schlummertrunk schläft er länger und ohne Unterbrechung.

(3) Schlafphasenvorverlagerung: Der 54-jährige technische Zeichner wurde jeden Tag am frühen Abend so schläfrig, dass er gegen 19.00 Uhr ins Bett gehen musste. Er schlief bis ca. 2.00 Uhr am Morgen, blieb dann wach und stand gegen 3.00 Uhr auf. Die Schlafstörung beeinträchtigte seine Leistung im Beruf nicht, sie führte aber zu einer Störung seines sozialen Lebens. Viel Licht am Abend besserte die vorzeitige Schlafneigung etwas.

(4) Schlafphasenverzögerung: Der 55-jährige freiberuflich tätige Psychologe konnte kaum vor 3.00 Uhr schlafen. Auch wollte er es gar nicht, denn es gab viele Dinge, die ihn spät nachts noch interessierten. Er organisierte seine Berufstätigkeit nach seinem Schlafrhythmus. Hätte er es ernsthaft versucht, dann hätte er den Schlaf-Wach-Rhythmus, zumindest teilweise, umstellen können. Dazu wäre es aber erforderlich gewesen, sich zu sagen, dass für die interessanten Dinge am nächsten Tag auch noch Zeit ist.

Empfehlenswerte Literatur

Patientenratgeber:
Riemann, D. (2004): Ratgeber Schlafstörungen. Informationen für Betroffene und Angehörige. Hogrefe, Göttingen.

7. Sexuelle Funktionsstörungen

Wie erkennen Sie sexuelle Funktionsstörungen?

Leiden Sie an einer der nachstehend beschriebenen Störungen?

Mangel an sexueller Lust: Dieser kann beim Mann oder bei der Frau bestehen.

Erregungsstörung: Beim Mann besteht eine mangelnde Fähigkeit, eine feste Erektion zu erreichen oder aufrechtzuerhalten. Bei der Frau liegt ein ungenügendes Feuchtwerden und -bleiben der Scheidenschleimhaut vor.

Orgasmusstörung: Beim Mann handelt es sich um eine Verzögerung des Orgasmus oder die Unmöglichkeit, ihn zu erreichen, dies nach vorangegangener normaler Erregungsphase. Bei der Frau besteht eine Unmöglichkeit, den Orgasmus zu erreichen, trotz verschiedener Arten der Stimulation, dies ebenfalls nach vorangegangener normaler Erregungsphase.

Vorzeitiger Samenerguss (Ejaculatio praecox): Der Samenerguss des Mannes erfolgt so rasch, dass kein oder nur ein wenige Sekunden dauernder unbefriedigender Geschlechtsverkehr zustande kommt.

Scheidenkrampf (Vaginismus): Wenn der Mann versucht, mit dem Penis in die Frau einzudringen, tritt regelmäßig eine Verkrampfung der Scheidenmuskulatur auf, so dass der Geschlechtsverkehr unmöglich wird.

▲ Die Diagnose trifft zu, wenn die Symptomatik einer der obigen Beschreibungen entspricht.

7. Sexuelle Funktionsstörungen

Ankreuzen:*

❏ Zutreffend ❏ Teilweise zutreffend ❏ Nur früher zutreffend

* Wenn Sie «zutreffend» oder «teilweise zutreffend» angekreuzt haben, notieren Sie, um welche Art der Störung es sich handelt. Mehrfachangaben sind möglich.

Art der Störung(en):

_____

_____

_____

Informationen

Allgemeines: Meist ist eine medizinische Untersuchung nötig, um körperliche Ursachen auszuschließen. Zur Behandlung sexueller Funktionsstörungen stehen spezielle, kognitiv-verhaltenstherapeutisch ausgerichtete Sexualtherapien zur Verfügung. Gelegentlich müssen im Hintergrund wirkende Ängste um die Sexualität in einer psychoanalytischen Therapie bearbeitet werden.

Mangel an sexueller Lust: Eine häufig verwendete Fachbezeichnung für sexuelle Lust ist «Libido». Die Ursachen eines Libidomangels sind vielfältig. Sexueller Missbrauch ist eine davon. Hormonelle Störungen müssen als verantwortlicher Faktor ausgeschlossen werden.

Erregungsstörungen: Während Erektionsstörungen des Mannes in der Jugend selten vorkommen und dann oft mit psychologischen Problemen in Beziehung stehen, sind sie bei älteren Männern relativ häufig und meist Ausdruck des Nachlassens der Sexualfunktion. Einen speziell nachweisbaren medizinischen Grund findet man in der Regel nicht. Bei jungen Männern ist die Sexualtherapie die Methode der Wahl. Bei älteren Männern stellen Medikamente vom Typ Viagra® die Erektionsfähigkeit meist wieder her. Erregungsstörungen der Frau sind ebenfalls relativ häufig, aber wenig altersabhängig. Substanzen wie Viagra helfen nicht.

Orgasmusstörungen: Sie kommen beim Mann vorwiegend im höheren Alter vor. Die Ursache ist unbekannt. Bestimmte Medikamente helfen in einem gewissen Ausmaß. Bei der Frau sind sie wenig altersabhängig. Sie bestehen öfter in jungen Jahren, dies infolge der noch fehlenden sexuellen Selbstsicherheit.

Vorzeitiger Samenerguss: Er tritt überwiegend bei jungen Männern auf. Die Sexualtherapie wirkt gut. Antidepressiva vom Typ der sog. Serotoninwiederaufnahmehemmer verzögern die Ejakulation. Sie können bei Therapieresistenz ergänzend gegeben werden.

Scheidenkrampf (Vaginismus): Die Störung ist selten. Die meisten betroffenen Frauen sind sonst sexuell aktiv und orgasmusfähig. Die Sexualtherapie wirkt gut.

Beispiele

(1) Mangel an sexuellem Interesse bei der Frau, Erregungsstörung: Eine Künstlerin, heute in mittlerem Alter, hatte in der Kindheit Inzesterlebnisse. Dies führte dazu, dass ihr als Frau jedes sexuelle Verlangen fehlte. Sie wurde, als sie die erste sexuelle Beziehung hatte, überhaupt nie erregt. In einer psychoanalytischen Therapie gelang es ihr, ein normales Verhältnis zur Sexualität mit einer ungestörten Sexualfunktion zu finden.

(2) Erregungsstörung des Mannes: Ein Mann Ende 50 bemerkte, dass seine Erektionsfähigkeit nachließ. Dies kam schleichend und ohne erkennbare Beziehung zur Partnersituation, die eigentlich befriedigend war. Auch die nächtlichen Erektionen wurden schwächer, ebenso die spontanen Erektionen tagsüber. Seine sexuelle Lust war unverändert. Er fühlte sich unsicher, ob er den nächsten Sexualverkehr «schaffen» würde. Die urologische Untersuchung ergab kein pathologisches Resultat. Mit Viagra verschwand die Problematik weitgehend.

(3) Orgasmusstörung des Mannes: Für den 60-jährigen Mann wurde Sex eine Art Schwerarbeit. Nur nach langer Zeit und bei hoher Konzentration konnte er den Orgasmus erreichen. Das Problem war vielleicht durch eine Schwierigkeit mit bedingt, sich auf die neue Partnerin einzulassen. Es bestand in geringerem Ausmaß schon einige Zeit zuvor. In der beschwingten Beziehung verringerte sich die Störung.

(4) Orgasmusstörung der Frau: Die damals 30-jährige Frau hatte in ihrer zehn Jahre dauernden Ehe nie einen Orgasmus, obwohl sie häufig Sex mit ihrem Mann hatte und Sex ihr gefiel. Nachträglich urteilte sie, dass mangelnde persönliche Sicherheit und die Schatten der sich auflösenden Beziehung mit hineinspielten. In der nächsten Partnerschaft wurde sie, weil sie nun bereit war, voll orgasmusfähig.

(5) Vorzeitiger Samenerguss: Bei dem 27-jährigen Mann dauerte es immer nur ca. zehn Sekunden – sein Penis war noch kaum in der Scheide –, bis er den Orgasmus hatte, viel zu früh für ihn und noch mehr für sie. Ein subjektiver Leistungsdruck mit Befürchtungen, nicht zu genügen, spielte im Hintergrund eine Rolle. Nach einer kürzeren Sexualtherapie, in der auch das erwähnte psychologische Problem einbezogen wurde, verschwand die Störung.

(6) Vaginismus: Die 28-jährige Frau hatte das Problem seit Jahren. Immer wenn ihr Mann in sie eindringen wollte, verkrampfte sich die Scheide, so dass der Geschlechtsverkehr unmöglich wurde. Das Symptom löste sich interessanterweise schon zu Beginn der Sexualtherapie auf. Bei einer grundsätzlich guten Beziehung hatte das Paar einen Konflikt in Bezug auf die Beanspruchung von Eigenbereichen. Die Frau wollte mehr Autonomie. So wünschte sie, das Erstgespräch alleine zu absolvieren. Entgegen der Vereinbarung kam er mit. Das Ansprechen des Problems und die Anerkennung ihrer berechtigten Wünsche, die der Mann nach kurzer Irritation auch berücksichtigte, lösten nicht nur den Konflikt, sondern auch den Scheidenkrampf.

Empfehlenswerte Literatur

Patientenratgeber:
Vetter, B. (2008): Sexuelle Störungen. 100 Fragen, 100 Antworten. Ursachen, Symptomatik, Behandlung. Verlag Hans Huber, Bern.

Patientenratgeber, Fachbuch:
Zilbergeld, B. (2000): Die neue Sexualität der Männer. Was Sie schon immer über Sexualität wissen wollten. 4. Aufl. dgv-Verlag, Tübingen.

Fachbuch:
Sigusch, V, (2007): Sexuelle Störungen und ihre Behandlung. Thieme, Stuttgart.

8. Problematische Persönlichkeitszüge

Wie erkennen Sie problematische Persönlichkeitszüge?

Es kann sich um verschiedene Züge handeln.

Haben Sie – seit dem frühen Erwachsenenalter – eine der nachstehend beschriebenen Eigenschaften, die unangemessen und unflexibel sind und in mehreren Lebensbereichen zu Schwierigkeiten führen?

Eigenartiges Spektrum

Paranoide Züge: Allgemeines Misstrauen gegenüber anderen; Tendenz, Belangloses auf sich zu beziehen und böse Absichten zu unterstellen.

Schizoide Züge: Einzelgängertum bei geringem Kontaktbedürfnis, emotionale Kühle.

Dramatisches Spektrum

Dissoziale Züge: Rücksichtslosigkeit gegenüber anderen; Gefühlskälte; Unfähigkeit zu Vertrauensbeziehungen.

Reizbare Züge: Impulsivität, Reizbarkeit.

Borderlinezüge: Impulsivität, Reizbarkeit. Schwarz-Weiss-Denken, bei dem man andere oder sich selbst bald nur positiv, bald nur negativ, nicht aber nuanciert einschätzt. Eingehen intensiver Beziehungen, die konflikthaft verlaufen.

Narzisstische Züge: Überschätzung der eigenen Größe, Anspruchshaltung, Egoismus, mangelndes Einfühlungsvermögen, Ausnutzung anderer.

→

Histrionische Züge: Exzessives Bedürfnis, im Zentrum der Aufmerksamkeit zu stehen, übertriebener Gefühlsausdruck, Oberflächlichkeit der Gefühle.

Ängstliches Spektrum

Zwanghafte Züge: Perfektionismus, Haften an Details, so dass Wichtiges unerledigt bleibt; Festhalten an Gewohnheiten, Eigensinn, Unentschlossenheit.

Ängstliche Züge: Übertriebene Sorge, von anderen negativ beurteilt und abgelehnt zu werden; übermässige Vermeidung von Risiken.

Abhängige Züge: Erwartung, auf sich allein gestellt verloren zu sein; Unselbständigkeit; mangelnde Berücksichtigung eigener Bedürfnisse.

▲ Die Diagnose trifft zu, wenn die Symptomatik einer der obigen Beschreibungen entspricht.

Ankreuzen:*

❏ Zutreffend ❏ Teilweise zutreffend ❏ Nur früher zutreffend

* Wenn Sie «zutreffend» oder «teilweise zutreffend» angekreuzt haben, notieren Sie, um welche Art der Störung es sich handelt. Mehrfachangaben sind möglich.

Art der Störung(en):

_____

_____

_____

Informationen

Wohl jeder Mensch weist problematische Züge seiner Persönlichkeit auf. Bei ca. 5 % der Bevölkerung sind diese so ausgeprägt, dass sie die Funktionsfähigkeit und das Wohlbefinden ernsthaft beeinträchtigen. Ihnen kommt ein Krankheitswert zu. Viele Betroffene erfüllen die Kriterien von mehr als einem der beschriebenen problematischen Züge.

Persönlichkeitszüge, auch problematische, bestehen oft das ganze Leben. Ein spontanes Abklingen ist selten; bei dissozialen Zügen kommt dies gelegentlich vor. Auch können günstige Lebensumstände, wie eine glückliche Partnerschaft, zur Harmonisierung einer Persönlichkeit beitragen.

Die Ursachen liegen, soweit man es heute weiß, in ungünstigen psychologischen Bedingungen in Kindheit und Jugend sowie in erblichen Faktoren und, wahrscheinlich meistens, einer Kombination von beiden.

Viele Personen mit problematischen Persönlichkeitszügen erkennen ihre Mängel nicht und wünschen keine Behandlung. Sie interpretieren auftretende Probleme im Leben als Folge von Fehlern anderer oder äußeren Umständen. Bei Behandlungsbereitschaft kann eine lang andauernde Psychotherapie eine positive Veränderung herbeiführen.

Einige problematische Persönlichkeitszüge haben verschiedene Bezeichnungen, so z. B. hysterische (für histrionische) und psychopathische (für dissoziale) Persönlichkeit.

Beispiele

(1) Schizoide Züge: Der heute ältere Wissenschaftler hatte keine engen Beziehungen, war empfindlich und führte ein einzelgängerisches Leben. Er wirkte nach außen hin zufrieden. Aber hintergründig litt er doch unter Einsamkeit.

(2) Paranoide und reizbare Züge: Der intellektuell einfache Maurer war misstrauisch und kam leicht in Wut. Er bezog alles rasch auf sich. Als beim Einsteigen in die Straßenbahn sein Rucksack hängen blieb, glaubte er, der Mann hinter ihm hindere ihn, und boxte ihm in den Bauch.

(3) Dissoziale Züge: Mit 15 Jahren lief er endgültig von zu Hause fort. Schon in der Schule war er immer wieder ausgerissen. Früh hatte er Freundinnen, aber keine Beziehung hielt lange. Seine Schreinerlehre brach er ab. Aber er war handwerklich geschickt. Er wurde ein meisterhafter Einbrecher, der an einem Tag in zahlreiche Wohnungen eindrang. Dies konnte nicht gutgehen. So wechselten sich in seinem Leben Gefängnisaufenthalte und kurze Zeiten in Freiheit ab. Ab dem Alter von 45 Jahren beging er keine Einbrüche mehr und begann ein relativ normales Leben. Neben dem Nachlassen der kriminellen Energie trug vielleicht auch eine Psychotherapie im Gefängnis dazu bei.

(4) Leichtere dissoziale Züge, narzisstische Züge: Der 35-jährige, intelligent wirkende Mann wurde Mitglied einer Kanzlei für Wirtschaftsfragen. Überraschenderweise wollte der Neuling, dass sein Name am Türschild ganz oben, über den Namen aller anderen Mitglieder der Kanzlei stehen sollte. Dies sei für seine wohlhabende Kundschaft wichtig. Man erfüllte seine Forderung. Er sollte sich an den Sekretariatskosten beteiligen, tat dies aber nicht. Ein Bild, dessen Kauf er zugesagt hatte, hängte er auf, ohne es zu bezahlen. Eines Tages blieb er ohne Nachricht etliche Tage weg. Dann teilte er sein Ausscheiden aus der Kanzlei mit. Man hatte nichts dagegen. Nur auf Druck beglich er seine offenen Rechnungen. Er hatte ein Talent, gutmütige Leute zu finden. Einfache Gemüter unter ihnen hätte er ausnützen können.

(5) Histrionische Züge: Sie war 47 Jahre alt und noch immer hübsch und verführerisch. Bei einem Fest legte ihre Schwägerin einen Solotanz ein, worauf auch sie auf die Tanzfläche kam. Sie konnte nicht unbeachtet bleiben. Es wurde eine Verlobung gefeiert. Sie deutete ihrem Freund an, sie hätte einen Antrag auch von ihm erwartet. Als wenig später eine kleinere Krise zwischen den beiden auftrat, eröffnete sie ihm, die Beziehung sei zu Ende. Sie versöhnte sich bald wieder mit ihm. Das Leben mit ihr blieb anstrengend.

(6) Borderline-Züge: Die 35-jährige Frau, die sich nach langer Krankheit an der Universität fortbildete, war intelligent, aber impulsiv und reizbar.

Vor allem aber neigte sie zu einem Schwarz-Weiss-Denken, indem sie jeweils nur einen Aspekt eines Problems sah. Sie lobte ihre Lehrer zunächst über alle Maßen. Als man wenig später ein Zeugnis nicht in der gewünschten Weise ausstellte, reagierte sie ärgerlich, weil sie es nur mit «engstirnigen Bürokraten» zu tun habe. Sie selbst sah sich bald als eine Studentin, die alle Hindernisse zu einem akademischen Beruf überwand, bald aber als eine bedauernswerte Person, die keine Chance im Leben hatte. Langsam lernte sie in der Psychotherapie, das Leben nuancierter und nicht nur in extremen Tönen zu sehen.

(7) Zwanghafte Züge: Der ewige Student von 34 Jahren war im Fachbereich Wirtschaftswissenschaften eingetragen. Immer wieder meldete er sich zu den Prüfungen an, verschob sie aber, weil er mit der Vorbereitung nicht so weit war. Alles nahm er übergenau. Er ließ sich nicht helfen, sondern bereitete sich «nach seiner Art» vor. Er verlor sich in Details und kam nicht voran. Schließlich schaffte er das Studium doch. Dabei hatte er den für ihn wichtigsten Professor an den Rand einer Nervenkrise gebracht, weil er immer wieder sein Recht einforderte, nach dem «alten Reglement» geprüft zu werden, von dem nach 15 Jahren niemand mehr wusste, was dies genau bedeutete. Wegen der Art, wie er sich verhielt, überraschte es nicht, dass er später Schwierigkeiten bei der Stellensuche hatte. Die Möglichkeiten der Psychotherapie schlug er aus, weil er die Probleme nicht bei sich sah.

(8) Abhängige Züge: Die 55-jährige Frau war einmal verheiratet. Der Ehemann, ichbezogen, überging die meisten ihrer Bedürfnisse. Trotzdem blieb sie viele Jahre bei ihm, bis die Beziehung doch auseinanderbrach. Die Scheidung verlief finanziell nachteilig für sie, weil sie sich nicht genügend wehrte. Später heiratete sie einen anderen Mann, nicht unähnlich dem Ex. Auch ihm passte sie sich mehr an, als gut war. Sie wusste nichts von der Möglichkeit einer Psychotherapie, in der sie gelernt hätte, sich besser zu behaupten und die Wiederholung ungünstiger Konstellationen zu vermeiden.

Empfehlenswerte Literatur

Patientenratgeber, Borderline:
Sender, I. (2005): Ratgeber – Das Borderline-Syndrom. Wissenswertes für Betroffene und deren Angehörige. CIP-Medien, München.

Fachbuch:
Sachse, R. (2006): Persönlichkeitsstörungen verstehen. Zum Umgang mit schwierigen Klienten. Psychiatrie-Verlag, Bonn.

9. Aufmerksamkeitsdefizit-syndrom (ADS)

Wie erkennen Sie das Aufmerksamkeitsdefizitsyndrom (ADS)?

Haben Sie seit der Kindheit die folgenden Aufmerksamkeits- und Konzentrationsschwächen, die in verschiedenen Lebensbereichen zu Problemen führen?

Schwierigkeiten, eine wenig interessante, aber konzentrationsfordernde Tätigkeit zu beginnen, aufrechtzuerhalten und ohne Unterbrechung zu beenden.

Schwierigkeiten beim Organisieren der täglichen Aufgaben.

Erhöhte Ablenkbarkeit, Zerstreutheit und Vergesslichkeit ganz allgemein.

▲ Die Diagnose trifft zu, wenn die angegebenen Symptome vorliegen.

Ankreuzen:
❏ Zutreffend ❏ Teilweise zutreffend ❏ Nur früher zutreffend

Informationen

Beim ADS handelt es sich – dies sei nochmals betont – um eine seit der Kindheit bestehende Störung. 2 % der Erwachsenen leiden daran. Bei den Kindern beträgt die Häufigkeit 4 %, was bedeutet, dass sich die Störung in der Hälfte der Fälle auswächst. Die Kernsymptomatik ist das Aufmerksamkeitsdefizit. Im Kindesalter sind zusätzlich häufig Hyperaktivität mit ruhelosem Verhalten (Zappelphilipp) und Impulsivität festzustellen. Beide fallen der Umgebung meist mehr auf als Aufmerksamkeitsdefizit. Bei den Erwachsenen, bei denen die Störung bestehen bleibt, haben sich Hyperaktivität und Impulsivität abgeschwächt und das Aufmerksamkeitsdefizit steht im Vordergrund.

Das ADS hat ungünstige Effekte auf die schulische Leistung und die Beziehungen zu Eltern, Geschwistern, Lehrern und Mitschülern. Als Folge dieser Schwierigkeiten entwickelt sich meist ein gestörtes Selbstwertgefühl. Zum Teil mit diesem im Zusammenhang stehend, zum Teil auch unabhängig davon, treten gehäuft andere psychische Störungen auf. Erbliche Faktoren spielen bei der Entstehung des ADS eine wichtige Rolle.

Man behandelt das ADS mit Psychotherapie, einschließlich Ratschlägen zur Lebensführung. Die Effekte der nichtmedikamentösen Therapie sind aber begrenzt. Das Medikament Methylphenidat (Ritalin®, Concerta®) hat, nicht nur beim Kind, sondern auch beim Erwachsenen, oft eine günstige Wirkung.

Beispiel

(1) Mäßiges ADS: Die freiberuflich tätige 57-jährige Frau, verheiratet, Mutter von erwachsenen Kindern, war selbst als Kind unkonzentriert, unaufmerksam, ruhelos und zappelig. Auch konnte sie schlecht warten, bis sie an der Reihe war. Dies brachte ihr vielerlei Schwierigkeiten ein. Im Erwachsenenalter blieb nur das Aufmerksamkeitsdefizit. Die Auswirkungen waren dadurch gemildert, dass sie über eine gute Selbstbeobachtung verfügte und dadurch verschiedene Probleme ausgleichen konnte. Die Erziehung ihrer Kinder gelang ihr gut. Der ihr zugetane Ehemann störte sich nicht sehr daran, dass sie sich oft schlecht organisierte. Noch heute schiebt sie eintönige Arbeiten wie das Schreiben von Rechnungen hinaus und beginnt lieber mit etwas Spannenderem, bei dem sie oft auch nicht bleibt.

Empfehlenswerte Literatur

Patientenratgeber:
Pütz, D. (2006): ADHS-Ratgeber für Erwachsene. Hogrefe, Göttingen.

Patientenratgeber, spezielle Themen:
Ryffel-Rawak, D. (2009): ADHS bei Frauen – den Gefühlen ausgeliefert. 3., aktualisierte Aufl. Verlag Hans Huber, Bern.
Ryffel-Rawak, D. (2007): ADHS und Partnerschaft – eine Herausforderung. Verlag Hans Huber, Bern.

10. Psychotische Störungen einschließlich der Schizophrenie

Wie erkennen Sie psychotische Störungen einschließlich der Schizophrenie?

Weisen Sie Wahnideen oder Halluzinationen auf oder ist Ihr Sprechen unzusammenhängend und unverständlich?

Wahnideen sind falsche Ansichten von Gegebenheiten, deren Unrichtigkeit klar überprüfbar ist. Die Person hält trotz aller Beweise des Gegenteils daran fest. Inhalte können u. a. sein: Verfolgungswahn (z. B. Mafia), wahnhafte Beeinflussungserlebnisse (z. B. «fremde» Mächte) oder Abstammungswahn (vermeintliche Zugehörigkeit zu einer anderen Familie).

Halluzinationen sind Sinnestäuschungen, bei denen man eine Wahrnehmung zu haben glaubt, ohne dass von der Außenwelt ein entsprechender Reiz kommt. So kann eine Person Stimmen hören, ohne dass jemand anwesend ist. Die Stimmen können miteinander oder zu ihr sprechen. Es kann sein, dass die Person ihre eigenen Gedanken laut hört. Die Stimmen können das, was die Person tut, laufend kommentieren. Auch andere Gehörshalluzinationen kommen vor, z. B. Glockenläuten. Bei optischen Halluzinationen sieht die Person z. B. Gegenstände oder Gestalten, die nicht existieren. Auch nicht reale Geruchs- und Geschmacksempfindungen können auftreten. →

> Beim unzusammenhängenden Sprechen besteht zwischen einem Satz und dem nächsten keine logische Verbindung, oder der Satz selbst ergibt keinen Sinn. So ist das Gesprochene unverständlich.
>
> ▲ Die Diagnose trifft zu, wenn die Symptomatik einer der obigen Beschreibungen entspricht.

Ankreuzen:

❏ Zutreffend ❏ Teilweise zutreffend ❏ Nur früher zutreffend

Informationen

In diesem Abschnitt werden Krankheiten zusammengefasst, die der Laie nicht voneinander unterscheiden kann. Die wichtigste davon ist die Schizophrenie.

Schizophrenie bedeutet übersetzt «Spaltung des Bewusstseins». Dabei treten nicht nachvollziehbare, «verrückt» wirkende Symptome auf. Wahn, Halluzinationen, unzusammenhängendes Sprechen und ein Rückzug aus der Welt sind wichtige Merkmale. Die Schizophrenie beeinträchtigt die Funktionstüchtigkeit der Person in allen wichtigen Lebensbereichen. Ca. 1 % der Menschen erkrankt im Laufe des Lebens an einer Schizophrenie. Männer und Frauen sind gleich häufig betroffen. Der Verlauf ist unterschiedlich, jedoch oft ungünstig.

Über die Ursachen weiß man, dass eine erbliche Komponente eine Rolle spielt, zum Teil in Kombination mit ungünstigen Bedingungen in der Kindheit. Schlechte Bedingungen in der Kindheit allein vermögen die Krankheit aber nicht herbeizuführen.

Die Schizophrenie erfordert eine umfassende Behandlung, bei der sog. antipsychotische Medikamente (andere Bezeichnung: Neuroleptika) eine wichtige Rolle spielen. Nicht selten erfolgt die erste Phase der Behandlung in einer psychiatrischen Klinik.

Neben der Schizophrenie gibt es *gutartige akute Psychosen,* die innerhalb von Wochen bis Monaten vollständig abklingen. Zu ihnen gehören die *Wochenbettpsychosen* oder *Postpartumpsychosen,* die wegen des zeitlichen Zusammenhangs mit der Entbindung so bezeichnet werden. Gutartige akute Psychosen können außerhalb des Wochenbetts und auch bei Männern auftreten.

Bei *Wahnkrankheiten* prägen, wie es die Diagnose ausdrückt, Wahnideen das Bild. Die mit *Verfolgungswahn (Paranoia)* verbundene Form ist am bekanntesten. Der Verlauf ist oft chronisch.

Beispiele

(1) Schizophrenie mit ungünstigem Verlauf: Der 18-jährige Schreinerlehrling arbeitete zunehmend unkonzentriert. Er wirkte geistesabwesend, und immer wieder sprach er in unverständlichen Worten. Auch machte er wirre Andeutungen über besondere Erlebnisse, z. B. dass er Jesus gehört und von ihm einen besonderen Auftrag erhalten habe. Er vernachlässigte sein Äußeres. Oft war er bis in die tiefe Nacht hinein wach. Einmal zündete er im Schlafzimmer viele Kerzen an und schlief ein. Die Mutter war noch mehr beunruhigt als bisher, denn dies hätte zu einem Brand führen können. Seine Arbeitsleistung verschlechterte sich weiter, so dass der Schreinermeister die Auflösung des Lehrvertrags in Betracht zog. Man vermutete, er nehme Drogen. Dies war aber nicht der Fall. Es war der Beginn einer Schizophrenie, die sich nie mehr wesentlich bessern sollte.

(2) Günstig verlaufende Schizophrenie: Bis zum Alter von 43 Jahren war die Künstlerin und Kunstlehrerin psychisch gesund. Relativ plötzlich, innerhalb von wenigen Wochen, erlebte sie sich verwirrt, hörte Stimmen, die zu ihr sprachen, und fühlte sich verfolgt. Sie war deshalb extrem beunruhigt und verängstigt. Monatelang wagte sie es nicht, sich jemandem anzuvertrauen. Schließlich sprach sie mit dem Hausarzt. Mit Antipsychotika konnte ihr sehr gut geholfen werden. Die Symptome klangen ab und sie erlangte ihre frühere Kreativität wieder, jedoch ertrug sie die psychische Belastung des Unterrichtens nicht mehr.

(3) Gutartige akute Psychose (Postpartumpsychose): Die 26-jährige verheiratete Frau hatte ein gesundes Kind geboren. Alles verlief normal, nur nervös war sie und sie schlief schlecht. Dieses im Wochenbett normale Phänomen wird als «Baby Blues» bezeichnet. Dann aber, fünf Tage nach der Entbindung, wirkte sie verändert und geradezu verwirrt. So sagte sie plötzlich der Krankenschwester, sie habe noch gar nicht geboren. Als sie das Kind stillte, glaubte sie, es atme nicht richtig und habe dicke lange Haare, was beides nicht zutraf. Einmal sagte sie, sie befürchte zu sterben, ein anderes Mal, sie habe Engel gehört und sei morgen im Paradies. Später machte sie eine vage Suizidäußerung. Man befürchtete zu

Recht, dass sie sich oder dem Kind in ihrer Verwirrung etwas antun könnte. Sie wurde in die psychiatrische Klinik verlegt. Nach einigen Wochen war sie wieder gesund.

(4) Wahnkrankheit mit Verfolgungswahn (Paranoia): Ein 53-jähriger Mann sah im Fernsehen die Ansprache eines Schweizer Bundesrates. Um seinen Aussagen Gewicht zu verleihen, setzte der Politiker auch die Gestik der Hände ein. Dabei schloss er den Zeigefinger mit dem Daumen zu einem Ring. Der Zuseher war überzeugt, dass der Bundesrat ihn damit persönlich beleidigen und ihm zu verstehen geben wolle, er sei ein «A ... loch». Er litt an Paranoia.

Empfehlenswerte Literatur

Patientenratgeber:
Hahlweg, K., Dose, M. (2005): Ratgeber Schizophrenie. Informationen für Betroffene und Angehörige. Hogrefe, Göttingen.

11. Demenz

Bemerkung: Falls eine Demenz vorliegt, ist es fraglich, ob die betroffene Person diesen Text noch lesen kann. Eher werden es Angehörige tun.

Wie erkennen Sie eine Demenz?

Die Erkrankung tritt meist im höheren Alter auf. Es bestehen deutliche Störungen in den nachfolgend beschriebenen Bereichen.

Gedächtnisstörungen: Man kann sich an Wichtiges nicht mehr erinnern, das man üblicherweise noch weiß. Beispiele sind, dass man sich in einem Gespräch mehrmals wiederholt, ohne es zu merken, sich an die Namen Angehöriger oft nicht mehr erinnern kann oder man elementare Fertigkeiten verliert, z. B. wie man eine gut bekannte Mahlzeit kocht.

Orientierungsstörungen: Die Person weiß nicht mehr das aktuelle Datum oder wo sie sich befindet.

Gestörte Denk- und Urteilsfähigkeit: Aufgaben des täglichen Lebens, bei denen man unter Berücksichtigung mehrerer Umstände entscheiden muss, können nicht mehr bewältigt werden.

▲ Die Diagnose trifft zu, wenn die angegebenen Symptome vorliegen. Zur sicheren Diagnose muss die Symptomatik mindestens 6 Monate bestehen. Wenn gleichzeitig eine Depression vorliegt, kann die Demenzdiagnose nicht gestellt werden, denn alle diese Symptome können durch die Depression bedingt sein.

Ankreuzen:
❏ Zutreffend   ❏ Teilweise zutreffend   ❏ Nur früher zutreffend

Informationen

Die Demenz ist, wie erwähnt, meist eine Erkrankung des höheren und hohen Alters. Man spricht auch von Altersdemenz. Ca. 3 % der über 65-Jährigen, 20 % der über 80-Jährigen und 50 % der 100-Jährigen leiden daran. Grund ist in den meisten Fällen ein Alterungsprozess des Gehirns mit einem Verlust an Gehirnzellen im Rahmen der sog. Alzheimerdemenz. Eine Arteriosklerose mit Verschluss von Gehirnarterien ist seltener die Ursache.

Die Ursache der Alzheimerdemenz ist nicht bekannt, außer dass es eine gewisse, aber nicht sehr bedeutsame erbliche Komponente gibt. Dieser Umstand muss Kinder von Patienten mit Alzheimerkrankheit keine besondere Sorge bereiten. Das eigene Erkrankungsrisiko ist im Vergleich zur sonstigen Bevölkerung nur geringfügig erhöht. Bei der arteriosklerotisch bedingten Demenz sind die bekannten Risikofaktoren erhöhter Blutdruck, erhöhter Cholesterinspiegel und Rauchen zu nennen.

Die Altersdemenzen haben einen langsam fortschreitenden Verlauf. Eine gut wirksame Therapie gibt es bis heute nicht. Es ist möglich, den Krankheitsprozess mit Medikamenten vorübergehend aufzuhalten.

Beispiele

(1) Früh auftretende Demenz: Der noch berufstätige 76-jährige Mann beklagte sich, dass seine gleichaltrige Ehefrau, wenn er abends nach Hause kam, immer nur noch Würste kochte. «Tut sie es absichtlich?», fragte er sich, wobei Misstrauen nicht seine und Bösartigkeit nicht ihre Art war. Sie hatten immer ein gutes Verhältnis zueinander. Es lag etwas anderes vor, worüber er sich noch nicht im Klaren war. Sie hatte in den letzten Jahren im Rahmen einer Alzheimerdemenz starke Gedächtnisstörungen bekommen und verlor auch die Fertigkeit, eine kompliziertere Mahlzeit zuzubereiten.

(2) Spät auftretende Demenz: Der 82-jährige Geschäftsmann hatte es in seinem Leben zu Reichtum gebracht. Seine letzten Jahre musste er ohne seine geliebte, vor ihm verstorbene Frau verbringen. Seit einigen Jahren wurde sein Gedächtnis immer schlechter, er war zeitlich nicht mehr richtig orientiert, und oft war ihm auch nicht mehr präsent, wo er sich befand. Seine Denk- und Urteilsfähigkeit ließ markant nach. Er hatte nach dem Tod der Frau sein Vermögen, in Einklang mit seinen Lebensgrundsätzen, einer wohltätigen Stiftung vermacht. Aber jemand konnte den nun leicht beeinflussbaren Mann überreden, das Testament umzuschreiben und das Vermögen jetzt ihm zu vermachen. Er wollte dem «netten» neuen Bekannten einfach einen Gefallen tun. Dabei hatte er nicht die Absicht, die Unterstützung der wohltätigen Stiftung aufzuheben. Aber es entging ihm, dass er dies mit der Testamentsänderung tat. Er war weder hier noch bei Entscheidungen des täglichen Lebens in der Lage, den Überblick zu behalten. Das abgeänderte Testament erwies sich als ungültig. Das Gericht kam zum Urteil, dass es nicht seinem eigentlichen Willen entsprach.

Empfehlenswerte Literatur

Angehörigenratgeber:
Schäfer, U., Rüther, E. (2004): Demenz. Gemeinsam den Alltag bewältigen. Hogrefe, Göttingen.

12. Impulsstörungen

12.1
Spielsucht

Wie erkennen Sie eine Spielsucht?

Gehen Sie häufig dem Glücksspiel aufgrund eines fast unwiderstehlichen Drangs nach und setzen trotz wesentlicher finanzieller Verluste das Spiel fort?

▲ Die Diagnose trifft zu, wenn die Symptomatik dieser Beschreibung entspricht.

Ankreuzen:
❑ Zutreffend   ❑ Teilweise zutreffend   ❑ Nur früher zutreffend

Informationen

In der Diagnose ist das Wort «Sucht» enthalten. Tatsächlich besteht bei Impulsstörungen ein suchtartiger Mechanismus, nämlich der Drang, etwas immer wieder zu tun, das unmittelbar angenehm ist, langfristig aber schadet.

Eine andere Bezeichnung für Spielsucht ist «pathologisches Spielen». Während das in der Bevölkerung verbreitete Spielen ein normaler Zeitvertreib ist, liegt hier ein krankhafter Drang zum Spiel bei Missachtung der schädlichen Folgen vor. Die Spielsucht hat häufig schwere Konsequenzen, so den Verlust des Vermögens und Schulden. Es ist nicht ungewöhnlich, dass sich Betroffene auf kriminelle Handlungen einlassen, um so die finanziellen Verluste zu kompensieren. Suizide in einer dramatisch gewordenen finanziellen Situation kommen vor. Die Spielsucht ist in allen Ländern erhöht, in denen es Spielkasinos und Spielautomaten gibt.

Erster Schritt der Therapie ist die Aufklärung über die Chancen des Spielens. So gewinnt nach einem mathematischen Gesetz beim Roulette auf Dauer nur die Bank. In Österreich nennt man Geldausgaben für Glücksspiele etwas grob, aber richtig «Deppensteuer». Zur weiteren Behandlung wird kognitive Verhaltenstherapie eingesetzt.

Beispiel

(1) Schwere Spielsucht: Ein Arzt betrieb mit dem Schlafmittel Rohypnol Handel auf dem Schwarzmarkt. In der Schweiz kann man als Arzt auf korrektem Weg genug Geld verdienen. Was brachte ihn zu so unsinnigen Handlungen? Neben der Schädigung anderer riskierte er den Entzug der Praxisbewilligung sowie Geldstrafe und Gefängnis. Mit diesem illegalen Geschäft konnte er vergleichsweise wenig verdienen. Des Rätsels Lösung: Er war spielsüchtig, deswegen hoch verschuldet, und da war ihm – erneut impulsiv und irrational handelnd – jedes Mittel recht, um zu Geld zu kommen. Er begab sich ins Ausland und man hörte nichts mehr von ihm.

Empfehlenswerte Literatur

Patientenratgeber:
Grüsser, M. S., Albrecht, U. (2007): Rien ne va plus – wenn Glücksspiele Leiden schaffen. Verlag Hans Huber, Bern.

12.2
Kaufsucht

Wie erkennen Sie eine Kaufsucht?

Kaufen Sie Gegenstände im Übermaß aufgrund eines fast unwiderstehlichen Dranges und setzen trotz wesentlicher finanzieller Probleme oder anderer Schwierigkeiten (wie Platzmangel) das Kaufen fort?

▲ Die Diagnose trifft zu, wenn die Symptomatik dieser Beschreibung entspricht.

Ankreuzen:
❏ Zutreffend   ❏ Teilweise zutreffend   ❏ Nur früher zutreffend

Informationen

Kaufsucht kommt besonders bei Frauen vor. Die finanziellen Konsequenzen sind im Allgemeinen weniger schwerwiegend als bei der Spielsucht. Wenn aber die Gegenstände der Kauflust teuer sind, z. B. Kunst – hier sind wohl eher Männer betroffen –, kann die Problematik gravierend werden. Therapeutisch ist auch hier ist in erster Linie kognitive Verhaltenstherapie einzusetzen.

Beispiele

(1) Kaufsucht, Frau: Die 30-jährige Frau kaufte immer wieder, zwar gut ausgewählt, aber doch unüberlegt und impulsiv Kleider, Kosmetika u. a. In ihrer Wohnung konnte sie dies alles nicht mehr unterbringen. Sie setzte das Kaufen fort, weil es sie, wie sie sagte, aus ihrer Langeweile herausriss und in gute Stimmung versetzte, jedenfalls für eine gewisse Zeit. Der Freund half ihr eine Zeitlang finanziell aus. Er forderte schließlich richtigerweise von ihr, die Kreditkarten abzugeben und nur mehr geringe Mengen Geld bei sich zu tragen, was sie dann auch tat. Damit erschwerte sie sich unüberlegte Käufe. In der Psychotherapie lernte sie u. a., sich auch an anderen Dingen zu freuen und besser mit Frustrationen umzugehen.

(2) Kaufsucht, Mann: Jemand verdiente sehr viel, pro Jahr eine Million. Am Jahresende war nichts mehr da, auch nicht für die Steuer. Ein Grund: kaufsüchtiges Erwerben von Bildern und anderer Kunst.

Empfehlenswerte Literatur

Patientenratgeber:
Kirsten, C. (2008): Shoppen ohne Ende. Wenn Kaufen zur Sucht wird. Patmos, Düsseldorf.

12.3
Kleptomanie

Wie erkennen Sie eine Kleptomanie?

Stehlen Sie Gegenstände aufgrund eines fast unwiderstehlichen Dranges, wobei Bereicherung oder Not nicht die Hauptmotive sind?

▲ Die Diagnose trifft zu, wenn die Symptomatik dieser Beschreibung entspricht.

Ankreuzen:
❏ Zutreffend   ❏ Teilweise zutreffend   ❏ Nur früher zutreffend

Informationen

Man schätzt, dass ca. 5% der Kaufhausdiebstähle im Rahmen der Kleptomanie erfolgen. Oft werden die Gegenstände gar nicht benötigt. Wahrscheinlich unterlassen viele das Stehlen, nachdem sie wiederholt Probleme mit der Polizei hatten. Falls nötig erfolgt eine Behandlung mit kognitiver Verhaltenstherapie.

Beispiel

(1) Leichte Kleptomanie: Der 48-jährige Elektriker stahl in Warenhäusern immer wieder in impulsiver Weise und in einer Art, dass er geradezu erwischt werden musste; Letzteres trifft längst nicht bei allen Fällen von Kleptomanie zu. Die gestohlenen Gegenstände waren von geringem Wert, z. B. Seife, Äpfel o. Ä. Immer wieder trat in ihm eine innere Spannung auf, die er mit dem Stehlen abreagierte. Hinterher aber kamen Schuldgefühle auf. Nach einigen Scherereien mit der Polizei und einer kürzeren Therapie legte sich das Problem.

13. Substanzmissbrauch und -abhängigkeit

13.1
Alkoholmissbrauch und -abhängigkeit

Wie erkennen Sie Alkoholmissbrauch und -abhängigkeit?

Ist Ihr Alkoholkonsum übermäßig und gesundheitsgefährdend? Dies trifft zu, wenn ein Mann täglich mehr als 60 g Alkohol (6 dl Wein, zwölfprozentig, oder 3 große Bier, fünfprozentig) oder eine Frau 40 g Alkohol (4 dl Wein oder 2 große Bier) trinkt. Der Organismus der Frau reagiert aus unbekannten Gründen empfindlicher auf Alkohol.

Falls Sie einmal alle 4 Wochen betrunken sind, besteht zumindest ein Alkoholmissbrauch.

▲ Die Diagnose trifft zu, wenn die Trinkmenge den obigen Angaben entspricht.

Ankreuzen:
❏ Zutreffend ❏ Teilweise zutreffend ❏ Nur früher zutreffend

Informationen

Zu Beginn eine Klärung zur heutigen psychiatrischen Terminologie: Man unterscheidet – bei allen in Frage kommenden Substanzen – den *Missbrauch* und die *Abhängigkeit*. Missbrauch, die leichtere Form, ist der Substanzkonsum trotz des Wissens um die schädigende Wirkung. Bei der Abhängigkeit liegen zusätzlich vor: ein starker Drang nach täglichem Konsum, ein Kontrollverlust über die eingenommene Substanzmenge, die gedankliche Einengung auf den Substanzkonsum, die Vernachlässigung wichtiger Lebensbereiche als Folge davon und oft auch eine körperliche Abhängigkeit mit Entzugssymptomen bei Unterbrechung der Substanzeinnahme. Der Begriff der Sucht wird heute in der offiziellen Fachsprache nicht mehr verwendet. Nichtsdestoweniger umschreibt das Wort einen wichtigen Symptomenkomplex.

Ein Alkoholmissbrauch besteht bei etlichen, eine Alkoholabhängigkeit bei einigen Prozent der Bevölkerung. Dabei sind deutlich mehr Männer als Frauen betroffen. Übermäßiger Alkoholkonsum kann schwerwiegende Folgen für den Körper haben, mit Schäden der Leber, des Gehirns und anderer Organe. Tödliche Folgen sind keine Seltenheit.

Bei Alkoholabhängigkeit treten Schwierigkeiten im beruflichen und persönlichen Leben praktisch ausnahmslos auf. Insbesondere ist eine Alkoholabhängigkeit mit einem normalen Leben in Partnerschaft und Familie unvereinbar.

Alkoholmissbrauch und -abhängigkeit sind eine häufige Ursache von Unfällen. Übermäßiger akuter Alkoholkonsum ist ein wichtiger Faktor bei Gewalttaten.

Bei der Entstehung von Alkoholmissbrauch und -abhängigkeit spielen neben widrigen Lebensumständen auch erbliche Faktoren eine Rolle. Auch Depressionen und andere psychische Störungen können eine Mitursache sein. Andererseits kann ein übermäßiger Alkoholkonsum Depressionen verursachen.

Die Therapie der Alkoholabhängigkeit besteht, wie bei Suchtkrankheiten generell, im allgemeinen therapeutischen Gespräch, gegebenenfalls ergänzt durch kognitiv-verhaltenstherapeutische und psychoanalytische Ansätze. Die meisten Patienten müssen lernen, ohne Alkohol zu leben.

Nur einer kleinen Minderheit gelingt es, in begrenztem Maße zu trinken. Der Alkoholentzug kann in vielen Fällen ambulant, wenn nötig unterstützt durch Medikamente, durchgeführt werden. Bei schwerer Abhängigkeit ist zum Entzug eine Krankenhausbehandlung erforderlich. Anschließend benötigen die Patienten eine längerfristige Psychotherapie, um zu einem suchtfreien Lebensstil zu finden. Eine stationäre Therapie in einer Suchtklinik ist bei schwerem Verlauf angezeigt. Vielen Patienten gelingt es erst nach wiederholten Ausrutschern und Rückfällen, definitiv abstinent zu werden. Bekanntlich schaffen es nicht alle, und nicht alle wollen es. Als therapeutische Hilfe speziell zu erwähnen sind auch die Anonymen Alkoholiker (AA).

Als Therapie des Alkoholmissbrauchs kann die Aufklärung über sinnvolle Trinkmengen ausreichend sein.

Beispiele

(1) Fraglicher Alhoholmissbrauch: Ein Landwirt kam jeden Tag ins Restaurant und trank mindestens einen Liter Wein pro Tag. Er hatte ein gutes Familienleben. Körperliche Schäden erlitt er nicht, sie hätten aber entstehen können. Was waren die Beweggründe seines Alkoholkonsums? Gewohnheit? Eintönigkeit des Lebens? Diagnostisch handelt es sich um einen fraglichen Alkoholmissbrauch. Die Diagnose setzt das Wissen um die mögliche Schädlichkeit voraus. Alles liegt Jahrzehnte zurück, und damals war es noch nicht klar, dass diese Trinkmenge das unbedenkliche Maß übersteigt.

(2) Alkoholmissbrauch an der Grenze zur Abhängigkeit: Er war Anfang 50 und übte einen künstlerischen Beruf aus. Obwohl hervorragend, war er nicht sehr glücklich mit seiner Arbeit. Bezeichnenderweise wusste er auf den Tag genau, wann sein letzter Arbeitstag sein würde – dieser lag aber noch in weiter Ferne. Es war wohl ein ungünstiger Faktor, dass sein Vater von ihm eine große internationale Karriere erwartet hatte. Die Beziehung zu seiner Partnerin war eigentlich befriedigend, jedoch gab es immer wieder Reibereien wegen des Alkohols. Vor allem aus Genuss, so sagte er, trank er ca. dreimal pro Woche am Abend ungefähr 1,5 l Wein. Es mussten zwei Flaschen sein, denn erst bei der zweiten kam der «Kick». An den anderen Tagen trank er nicht. Die Trinkabende legte er so, dass er am folgenden Vormittag keine beruflichen Verpflichtungen hatte. Der Hausarzt kontrollierte seine körperliche Gesundheit, die weiterhin gut war. Trotzdem war ihm klar, dass er zu viel trank. Im Laufe der psychotherapeutischen Behandlung verringerte er die Trinkmenge. Es war nicht leicht, erlebte er doch einen echten Verlust an Genuss. Er fand aber vermehrt Freude in anderen Bereichen des Lebens. Wichtig bei der Behandlung war, dass er mit sich selbst Frieden schließen konnte. Der Stress bei der Arbeit, ein Mitgrund für den übermäßigen Konsum, ließ sich kaum verändern.

(3) Alkoholabhängigkeit: Die jüngste Tochter einer großen Familie ausländischer Herkunft war eine gute Schülerin gewesen. Der Lehrer hatte ihr vorgeschlagen, ans Gymnasium zu gehen. Der Vater äusserte sich nicht. Die Mutter meinte, sie solle sich eine Lehrstelle suchen. Sie absolvierte eine sechsmonatige Kurzausbildung.

In ihrem Verzicht auf eine angemessene Ausbildung zeigte sich ein lebenslanges Muster. Wenn sie etwas für sich in Anspruch nehmen sollte, zog sie sich zurück. In der Tiefe ihrer Person verursachte ihr dies Frustrationen. Weil sie hübsch, fröhlich und bei der Arbeit einsatzfreudig war, ging vorerst vieles gut und sie erhielt verdiente Anerkennung.

Die Partnerschaften verliefen problematischer. Wenn Schwierigkeiten auftraten, zog sie sich auch dort zurück, was die Weiterentwicklung der Beziehungen verhinderte. Mit der Zeit merkte sie, dass ihr der Alkohol Entspannung verschaffte. Ohne dass es ihr richtig bewusst wurde, trank sie immer mehr und schließlich viel zu viel. Es kam zur Alkoholabhängigkeit, mit ihrem eigengesetzlichen Verlauf. Sie vernachlässigte ihre Gesundheit, die Beziehungen und den Beruf. Der weitere Verlauf war wechselhaft, mit Perioden der Sucht, Klinikaufenthalten und, besonders als die Jahre vergingen, einem Leben in Vereinsamung.

Empfehlenswerte Literatur

Patientenratgeber:
Lindenmeyer, J. (2005): Lieber schlau als blau. Beltz, Weinheim.

13.2
Nikotinmissbrauch und -abhängigkeit

Wie erkennen Sie Nikotinmissbrauch und -abhängigkeit?

▲ Die Diagnose trifft beim regelmäßigen Konsum von Zigaretten und anderen Rauchwaren zu. Rauchen ist in jeder Menge gesundheitsschädigend.

Ankreuzen:
❏ Zutreffend   ❏ Teilweise zutreffend   ❏ Nur früher zutreffend

Informationen

Nikotin bewirkt nicht rauschartige Veränderungen wie die anderen hier aufgeführten Substanzen. Ein Nikotinmissbrauch geht oft rasch in eine Abhängigkeit über. Die negativen Folgen für die Gesundheit sind vielfältig, wobei dafür nicht das Nikotin, sondern die Schadstoffe des Rauchs in erster Linie verantwortlich sind. Lungenkrebs, andere Krebsarten, koronare Herzkrankheit und Arteriosklerose sind die bekanntesten davon. Ein langjähriger Nikotinkonsum von 20 Zigaretten täglich bedeutet statistisch eine Lebensverkürzung um 10 Jahre und einen vorzeitigen Verlust der Gesundheit um die gleiche Zeitspanne. Die Wahrscheinlichkeit, an einer nikotinbedingten Krankheit zu sterben, liegt bei 50%. Niemand weiß im Voraus, ob er zu den davon Betroffenen gehört.

Ca. 30% der Bevölkerung rauchen, mit einem Trend zur Verringerung als Folge der Antirauchkampagnen

Der Nikotinentzug kann leicht, aber auch schwierig sein. Das Rauchen soll schlagartig beendet werden. Die Entzugssymptome wie Nervosität, Gereiztheit u. Ä. können sich über Wochen hinziehen. Man muss mit bis zu 3 Monaten rechnen, bis man das Problem vollständig, d. h. auch in Bezug auf die psychologische Abhängigkeit, überwunden hat. Fast alle Patienten nehmen an Gewicht zu. Besonders die Raucher, die bereits übergewichtig sind, sollen Maßnahmen zur Gewichtskontrolle mittels Diät und vermehrter Bewegung durchführen. Als Hilfe zum Rauchentzug zu empfehlen sind Patientenratgeber, die auf kognitiv-verhaltenstherapeutischen Prinzipien basieren. Nikotinersatz und Medikamente, die den Drang zum Rauchen vermindern, können eine wichtige Unterstützung sein. Die regelmäßige ärztliche Betreuung in der ersten Zeit der Abstinenz erhöht die Erfolgschancen. Bei sehr schwerer Nikotinabhängigkeit kann die Hospitalisation in einer spezialisierten Klinik zum Ziel führen.

Beispiele

(1) Raucher im Irrtum: Der 72-jähriger Raucher, bisher ohne körperliche Schäden, setzte seinen Konsum fort mit der Bemerkung, dass er 90-jährige gesunde Raucher kenne. Er sei nun schon alt und gehöre wohl zu denen, die das Rauchen gut vertrügen. Überhaupt würden die Risiken übertrieben. Er gab sich einer Selbsttäuschung hin.

(2) Schwere Nikotinabhängigkeit: Eine 49-jährige Biologin, die seit Jahrzehnten 20–40 Zigaretten täglich rauchte, sollte wegen Zahnproblemen mit dem Rauchen aufhören. Sie betrachtete es als wünschenswert, aber aussichtslos. Eines Tages wurde sie wegen eines körperlichen Leidens in einem Krankenhaus behandelt, wo ihr das Rauchen nicht möglich war. Dann wurde die Hospitalisation – zum endgültigen Nikotinentzug – um zwei Wochen verlängert. Seither raucht sie nicht mehr.

Empfehlenswerte Literatur

Patientenratgeber:
Carr, A. (1998): Endlich Nichtraucher. Der einfache Weg, mit dem Rauchen Schluss zu machen. Goldmann, München.

13.3
Missbrauch und Abhängigkeit von Beruhigungs- und Schlafmitteln

Wie erkennen Sie Missbrauch und Abhängigkeit von Beruhigungs- und Schlafmitteln?

▲ Die Diagnose trifft bei der häufigen Einnahme solcher Substanzen ohne ärztliche Verschreibung oder in einer höheren als der verordneten Dosis zu.

Ankreuzen:*

❏ Zutreffend ❏ Teilweise zutreffend ❏ Nur früher zutreffend

* Wenn Sie «zutreffend» oder «teilweise zutreffend» angekreuzt haben, notieren Sie die Substanz. Mehrfachangaben sind möglich.

Substanz(en):

_____

_____

_____

Informationen

Eine andere Bezeichnung für Beruhigungsmittel ist Tranquilizer. Es gilt hier zunächst, ein Missverständnis zu korrigieren. Viele Patienten erhalten solche Medikamente auf ärztliche Verordnung hin. Bei regelmäßiger Einnahme kann eine körperliche Abhängigkeit auftreten. Trotzdem ist dies keine Abhängigkeitskrankheit wie auf S. 130 definiert. Bei vielen während längerer Zeit eingenommenen Medikamenten, sei es für psychische oder körperliche Krankheiten, treten eine körperliche Abhängigkeit und bei Unterbrechung der Behandlung Entzugssymptome auf. Erst bei medizinisch nicht begründeter Einnahme trifft die Bezeichnung Missbrauch oder Abhängigkeit zu. Missbrauch und Abhängigkeit von Beruhigungs- und Schlafmitteln entstehen oft im Laufe einer ärztlich verordneten Therapie gegen Angst oder Schlaflosigkeit.

Therapeutisch kann es notwendig sein, zuerst die Grundkrankheit angemessen zu behandeln und erst anschließend die Dosis der im Übermaß genommenen Substanz zu reduzieren und gegebenenfalls zu stoppen.

Beispiele

(1) Beruhigungmittelabhängigkeit: Die 33-jährige Hausfrau nahm wegen Lebensängsten und Frustrationen das Beruhigungsmittel Lorazepam, eine Substanz aus der chemischen Gruppe der Benzodiazepine. Sie steigerte die Dosis über die Jahre bis auf 20 mg täglich, mehr als das Doppelte der üblichen Maximaldosis. Das Medikament verschaffte ihr kurzfristig Entspannung und Distanzierung von den Alltagssorgen, bis diese natürlich zurückkamen. Mit der Zeit wurde sie psychisch labil und sehr reizbar. Mit dem Ehemann und den Kindern gab es viel Streit. Schließlich wies sie der Hausarzt zu einer Entzugsbehandlung in die psychiatrische Klinik ein. Dort wurde das Beruhigungsmittel schrittweise abgesetzt, was belastend war, weil Entzugssymptome wie Angst, Anspannung und Schlaflosigkeit auftraten. Nach vier Wochen ging es ihr aber gut. Sie lernte in der Folge, ihre Ängste und sonstigen Probleme anders als mit Medikamenten zu lösen bzw. auszuhalten. Die psychische Labilität und die Reizbarkeit verschwanden. Sie waren Folge des übermäßigen Medikamentenkonsums.

(2) Beruhigungs- und Schlafmittelmissbrauch: Die 59-jährige frühzeitig pensionierte ehemalige Verkäuferin litt seit zwei Jahren an einer Depression. Trotz verschiedener Therapien wurde der Zustand nicht besser. Seit langem erhielt sie neben Antidepressiva das Beruhigungsmittel Valium und das Schlafmittel Dormicum, beides Benzodiazepine. Das Leiden durch die Depression war schwer. Um etwas Ruhe und Entspannung zu finden, nahm sie tagsüber immer mehr Valium, nämlich bis zu 40 mg statt den vorgesehenen 10 mg, und nachts 30 mg Dormicum statt 7,5–15 mg. Zu allem trank sie noch Wein. Sie wollte auf keinen Fall in eine psychiatrische Klinik. Diese Situation dauerte zwei Monate an. Eine intensive Betreuung war in dieser Zeit notwendig, in der der Zustand zu entgleisen drohte. Nach der Umstellung der antidepressiven Medikation klang die Depression ab. Der Medikamenten- und Alkoholmissbrauch verschwand von selbst. Hier war der Missbrauch aus einer Depression heraus entstanden. Eine spezielle Behandlung war nicht nötig.

13.4
Cannabismissbrauch und -abhängigkeit

Wie erkennen Sie Cannabismissbrauch und -abhängigkeit?

▲ Die Diagnose trifft beim häufigen, mindestens einmal pro Woche stattfindenden Konsum zu.

Ankreuzen:
❏ Zutreffend ❏ Teilweise zutreffend ❏ Nur früher zutreffend

Informationen

Cannabis, als sog. Joint geraucht, selten auch in Kuchen o. Ä. gegessen, führt zu Entspannung, einem traumartigen Bewusstseinszustand und Sinnesveränderungen wie einer intensiveren Wahrnehmung von Musik, aber auch zu Halluzinationen. Der Gebrauch wird heute in der Gesellschaft zum Teil toleriert. Es ist zutreffend, dass ein gelegentlicher Cannabiskonsum den meisten Menschen nicht schadet. Andererseits ist es problematisch, wenn sich eine Person regelmäßig in einen Rauschzustand versetzt und so der Wirklichkeit entflieht. Zudem kann Cannabis für Personen, welche die Anlage zur Schizophrenie in sich tragen, psychoseauslösend wirken. Weil man nicht weiß, für wen dies zutrifft, tragen alle Konsumenten ein Risiko. Täglicher Cannabiskonsum führt zu Konzentrations- und Gedächtnisstörungen und beeinträchtigt die Leistungsfähigkeit. Auch schädigt das Rauchen die Zähne und die Lungen.

Therapeutisch ist bei schwerer Abhängigkeit eine Psychotherapie mit dem Ziel der Wiederherstellung eines suchtfreien Lebensstils angezeigt.

Beispiele

(1) Cannabismissbrauch: Der 18-jährige junge Mann betrachtete es als den Genuss der Woche, wenn er einige Joints rauchte. Er konnte, wollte aber nicht aufhören. Seine Freundin kiffte mit. Beide wollten, wie sie sagten, das Leben genießen. Offen bleibt die Frage, warum dazu Drogen notwendig sind.

(2) Cannabisabhängigkeit: Der 38-jährige Mann, in einem anspruchsvollen technischen Beruf tätig, rauchte seit vielen Jahren täglich Cannabis. Früher waren es zehn, zuletzt noch drei Joints pro Tag. Die geforderte berufliche Leistung hat darunter nicht wesentlich gelitten. Allerdings stieg er trotz hervorragender Fähigkeiten nie auf. Größere Probleme gab es wegen seiner drogenbedingten geistigen Abwesenheit mit der Partnerin.

Empfehlenswerte Literatur

Patientenratgeber:
Lindberg, L. (2006): Wenn ohne Joint nichts läuft. Was man über Cannabis wissen muss. dtv, München.

13.5
Missbrauch und Abhängigkeit von harten Drogen (Heroin, Kokain, Amphetamin)

Wie erkennen Sie Missbrauch und Abhängigkeit von harten Drogen (Heroin, Kokain, Amphetamin)?

▲ Die Diagnose trifft beim wiederholten Konsum dieser Substanzen zu.

Ankreuzen:*

❑ Zutreffend ❑ Nur früher zutreffend

* Wenn Sie «zutreffend» angekreuzt haben, notieren Sie, um welche Substanz es sich handelt. Mehrfachangaben sind möglich.

Substanz(en):

_____
_____
_____

Informationen (Heroin, Morphin, Kokain, Amphetamin)

Diese Substanzen werden wegen ihrer Gefährlichkeit als «harte Drogen» bezeichnet, im Gegensatz zur «weichen Droge» Cannabis.

Heroin und Kokain sind die stärksten Suchtmittel überhaupt. Bereits der Heroinkonsum während einiger Tage führt zur körperlichen Abhängigkeit, d.h. dem Auftreten von Entzugssymptomen beim Beenden des Konsums. Bei Kokain besteht vor allem das Risiko einer psychischen Abhängigkeit, d.h. des psychologisch bedingten Drangs zur Fortsetzung des Substanzkonsums. Bei Heroin gibt es praktisch nur die Abhängigkeit, bei Kokain kommt gelegentlich nur der Missbrauch vor. Wesentliche Entzugssymptome macht Kokain in der Regel nicht. Beide Substanzen bewirken einen Zustand von Euphorie, Heroin mit einer Komponente der Beruhigung, Kokain mit einer der Erregung. Häufig werden Heroin und Kokain gemeinsam konsumiert. Morphin, welches aus einer Mohnart bzw. ihrem Harz, dem Opium, gewonnen wird, wirkt ähnlich wie Heroin. Morphin, Heroin und wirkungsverwandte Substanzen werden als Opiate bezeichnet. Morphin und Heroin sind stark schmerzstillende Mittel. Kokain, das in den Blättern des in Südamerika wachsenden Kokastrauchs enthalten ist, wurde früher als lokal betäubendes Medikament (sog. Lokalanästhetikum) verwendet.

Die körperlichen Risiken sind je nach Substanz und Einnahmeart unterschiedlich. Bei Heroin besteht die Gefahr der unbeabsichtigten Einnahme einer Überdosis. Über den am Schwarzmarkt gekauften «Stoff» weiß man nie, wie sehr verdünnt oder konzentriert er ist. Bei Überdosierung können Bewusstlosigkeit, Atemstillstand und der Tod eintreten. Im Jargon spricht man vom «goldenen Schuss». Kokain kann auch in nicht hoher Dosis lebensgefährliche Komplikationen wie Herzrhythmusstörungen (unregelmäßigen Herzschlag), Herz- oder Hirninfarkte und andere Organschäden bewirken.

Amphetamin steht in der Wirkung dem Kokain nahe, ist aber hinsichtlich der akuten körperlichen Komplikationen weniger gefährlich. Amphetamin wird in der Medizin in speziellen Situationen weiterhin verwendet. Es ist ein klassisches Dopingmittel.

Das Fixen, d. h. die intravenöse Injektion, ist bezüglich der oben genannten Risiken im Vergleich zu den anderen Arten des Konsums, nämlich Rauchen und Schnupfen, viel gefährlicher. Zudem können durch die Verwendung unsauberer Spritzen Infektionen mit Eitererregern, HIV sowie Hepatitis B und C auftreten. Fixen weist auf einen besonders aggressiven Umgang mit dem eigenen Körper hin.

Die Folgen für das Leben sind bei Drogenabhängigkeit schwerwiegend. Die Persönlichkeit verändert sich. Die Betroffenen sind auf den Drogenkonsum und die Drogenbeschaffung fixiert und verlieren Hemmungen und Rücksicht, bis hin zum Belügen und Bestehlen nächster Angehöriger. Berufliche und soziale Desintegration, zum Teil mit Drogenkriminalität und Prostitution, sind zu befürchten. Es gibt gutartige Verläufe, bei denen die berufliche Funktionsfähigkeit relativ gut erhalten bleibt. Im persönlichen Leben sind schwere Probleme mit Sicherheit zu erwarten. Bei Drogenabstinenz verschwinden diese Züge der sog. süchtigen Wesensveränderung wieder.

Die Therapie der Heroinabhängigkeit besteht im Allgemeinen in der sog. Substitutionsbehandlung mit dem Opiat Methadon oder verwandten Substanzen. Der Patient erhält vorübergehend eine sog. Ersatzdroge, die ähnlich wirkt wie Heroin, aber weniger stark berauschend ist. Der Drogenersatz gestattet es ihm, sich wieder auf das normale Leben zu konzentrieren und nicht dauernd an die Drogenbeschaffung zu denken. Im Laufe der Substitutionsbehandlung soll er die psychologische Abhängigkeit ablegen und zu einem suchtfreien Lebensstil zurückfinden. Ist dies erreicht, wird Methadon allmählich abgesetzt. Eine andere Behandlungsmöglichkeit stellen therapeutische Wohngemeinschaften dar; solche Therapien sind aufwendig und nur in speziellen Situationen angebracht.

Wird Heroin oder eine andere opiatartig wirkende Substanz schlagartig abgesetzt, so treten sehr schwere Entzugssymptome auf. Der Heroinentzug ist in aller Regel nur unter Klinikbedingungen möglich.

Die Therapie der Kokain- und der Amphetaminabhängigkeit erfolgt ambulant oder stationär und zielt ebenfalls auf einen suchtfreien Lebensstil ab. Der körperliche Entzug ist relativ einfach. Eine kurze Phase von Freudlosigkeit, Energiemangel und erhöhter Schlafneigung ist möglich.

Beispiele

(1) Heroinabhängigkeit (Rauchen): Der 40-jährige Mann begann im Alter von 22 Jahren mit Heroinrauchen. Er kam aus geordneten Verhältnissen, hatte eine Lehre als Koch gemacht, arbeitete in einem Restaurant und wurde, was bei einem Heroinabhängigen ungewöhnlich ist, Geschäftsführer. Oft dauerte der Arbeitstag gegen 14 Stunden. Er verwendete das Heroin am Abend auch, um abschalten zu können. Niemand außer der Familie wusste von seiner Sucht. Nach 5 Jahren täglichem Heroinrauchen begab er sich in Behandlung und erhielt Methadon. Er rauchte vorerst abends noch eine kleine Menge. Den Heroinkonsum finanzierte er von seinem Gehalt. Er führte ein relativ isoliertes Leben. Mit zunehmendem Alter spürte er die Sinnlosigkeit der Sucht, und der Konsum interessierte ihn immer weniger. Weil sich die Gewohnheit festgesetzt hatte, rauchte er vorerst weiter, bald aber nicht mehr täglich. Er nahm eine ruhigere Arbeit an und stellte den Heroinkonsum ein. Das Methadon wurde abgesetzt. Auch fand er eine Partnerin. Außer den verlorenen Jahren und dem «in Rauch aufgegangenen» Geld trug er keinen schweren Schaden davon.

(2) Heroin- und Kokainabhängigkeit (Rauchen): Der ehemalige Autoverkäufer im mittleren Alter beendete nach mehr als zehn Jahren den Heroin- und Kokainkonsum, ohne körperliche Schäden. Nach seiner Meinung waren die Drogen für ihn ein einzigartiger Genuss. Aber diese Zeit sei vorbei. Er entwickelte später keine andere Sucht und hat sich mit dem Leben, auch seinen eintönigen Seiten, arrangiert.

(3) Besonders risikoreiche Heroin- und Kokainabhängigkeit (Fixen): Der 40-jährige Hilfsmonteur fixte seit Jahren Heroin und Kokain. Es entstanden für ihn vielerlei Probleme: So erkrankte er an einer Hepatitis B (Leberentzündung), verlor wiederholt seine Stelle und wurde mehrmals wegen Drogenhandels verhaftet. Sein besonderer Mangel an Vorsicht zeigte sich, als er eine gebrauchte Spritze verwendete, die von einem HIV-positiven Bekannten stammte und die er nur kurz mit Wasser durchspülte. Glücklicherweise passierte nichts. Seine Frau blieb trotz aller Probleme bei ihm; er hatte auch liebenswerte Seiten. Nach der letzten Untersuchungshaft konsumierte er keine Drogen mehr, geriet aber vorübergehend in eine Alkoholabhängigkeit. Er hat sich nun, nach fast 20 Jahren, relativ gut stabilisiert.

(4) Heroin- und Kokainabhängigkeit, wahrscheinliche Drogenprostitution: Der 19-jährige junge Mann wurde neu ins Methadonprogramm aufgenommen. Vieles blieb unklar, so auch die Frage, wie er den Heroinkonsum finanzierte – wahrscheinlich durch homosexuelle Prostitution. Gut möglich war, dass er sich dabei vor sexuell übertragbaren Krankheiten nicht schützte. Er hatte eine Freundin. Welchem Gesundheitsrisiko setzte er sie aus? Ohne Einwilligung in ein verantwortungsvolles Sexualverhalten wäre die Fortsetzung der Therapie kaum zu verantworten gewesen. Die Behandlung endete, bevor mehr Klarheit bestand. Er kam nicht mehr.

(5) Kokainabhängigkeit (Rauchen): Der 38-jährige Mann hatte sich vor Jahren von seiner Heroinabhängigkeit befreit. Eines Tages machte ihm ein «Freund» das Angebot, einmal Kokain zu rauchen. Damals belastete es ihn, dass eine Freundschaft gerade auseinandergegangen war, was ihn für eine Sucht empfänglicher machte. Innerhalb kurzer Zeit waren Tausende von Franken, d. h. alle seine Ersparnisse und noch mehr, ausgegeben. Schließlich wandte er sich an seinen früheren Drogentherapeuten. Dieser äußerte Anerkennung für die lange Zeit der Drogenfreiheit. Es wurden aber auch die negativen Folgen besprochen, die bei einer Fortsetzung des Kokainkonsums zu erwarten waren. Er übergab vorübergehend einem Freund die Kreditkarten und das Bargeld, so dass er keinen «Stoff» mehr kaufen konnte. Der Rückfall in eine langdauernde Sucht konnte im Keim erstickt werden.

13.6
Missbrauch von Ecstasy und Halluzinogenen (LSD, Meskalin, Psilocybin)

> **Wie erkennen Sie den Missbrauch von Ecstasy und Halluzinogenen (LSD, Meskalin, Psilocybin)?**
>
> ▲ Die Diagnose trifft beim wiederholten Konsum dieser Substanzen zu.

Ankreuzen: *

❏ Zutreffend ❏ Nur früher zutreffend

*Wenn Sie «zutreffend» angekreuzt haben, notieren Sie, um welche Substanz es sich handelt. Mehrfachangaben sind möglich.

Substanz(en):

_____

_____

_____

Informationen

Eine Abhängigkeit kommt hier nicht vor, weil die Substanzen, täglich genommen, ihre Wirkung verlieren. So gibt es nur den episodischen Missbrauch.

Ecstasy, eine synthetisch hergestellte Substanz, führt zu einem Zustand der Euphorie und gelegentlich zu Halluzinationen. Der Konsum ist mit körperlichen Risiken verbunden. So kann bei starker körperlicher Aktivität und geringer Flüssigkeitszufuhr ein lebensgefährlicher Zusammenbruch wichtiger Körperfunktionen erfolgen. Über die Möglichkeit von Hirnschäden weiß man heute nur ungenügend Bescheid. Im Tierversuch wurden solche nachgewiesen.

LSD, Lysergsäurediäthylamid, wird ebenfalls synthetisch hergestellt. Die LSD-Wirkungen sind stark. Es verursacht Halluzinationen und andere psychische Veränderungen. Der LSD-Rausch kann mit schwerer Angst, Wahnideen und Verwirrtheit einhergehen. Dabei kann es sein, dass die Person gefährliche Handlungen unternimmt, z. B. aus dem Fenster springt, im Glauben, fliegen zu können. Ob LSD-Konsum Hirnschädigungen verursachen kann, ist unsicher.

Meskalin, das Halluzinogen eines Kaktus, und Psilocybin, der Inhaltsstoff eines Pilzes, wirken ähnlich wie LSD.

Beispiele

(1) Ecstasymissbrauch: Dem 29-jährigen Partygänger war es an den Wochenenden wichtig, dass Ecstasy zur Verfügung stand. Er war eigentlich kontaktfähig und hatte keine Probleme im Leben, insbesondere nicht mit Frauen. Wenn es aber darauf ankam, sich näher auf eine Beziehung einzulassen, zog er sich zurück – ein problematischer Persönlichkeitszug.

(2) LSD-Missbrauch: Der 36-jährige Mann hatte ungefähr alle Drogen genommen, die es gab, auch Halluzinogene, am häufigsten LSD, dieses etwa 15-mal im Leben. Die Erfahrung mochte er nicht missen, aber das Interesse an diesen Substanzen ging mit der Zeit verloren.

14. Störungen des sexuellen Triebziels (Perversionen)

Wie erkennen Sie Störungen des sexuellen Triebziels (Perversionen)?

Können Sie sexuelle Erregung nur oder fast nur mit Hilfe ungewöhnlicher Phantasien oder Hilfsmittel erreichen?

Die sexuelle Erregung wird unterschiedlich erreicht. *Fetischismus:* Gegenstände; *Transvestitismus:* Anziehen von Frauenkleidern; *Voyeurismus:* Beobachten Nackter; *Exhibitionismus:* Zeigen des Penis; *Masochismus:* Erleiden von Schmerz; *Sadismus:* Zufügen von Schmerz; *Pädophilie:* fixiert sexuelle Handlungen mit Kindern.

▲ Die Diagnose trifft zu, wenn die Symptomatik der obigen Beschreibung entspricht.

Ankreuzen:
❏ Zutreffend ❏ Teilweise zutreffend ❏ Nur früher zutreffend

Informationen

Eine andere Bezeichnung für eine Störung des sexuellen Triebziels lautet «Perversion». Es bestehen, wie bei den Impulsstörungen, zum Teil suchtartige Mechanismen. Auch hier liegt ein Drang vor, etwas immer wieder zu tun, was unmittelbar angenehm ist, langfristig aber schadet.

In Bezug auf die Ursachen dieser Störungen nimmt man an, dass ein Defekt des Kerns der Person (des sog. Selbst), verbunden mit tiefen Frustrationen in der Kindheit, vorliegt. Störungen des Triebziels sind wesensmäßig mit Beziehungsstörungen verbunden, weil in die sexuelle Handlung gar kein echter Partner einbezogen ist.

Eine andere, besonders schwere Dimension der Problematik liegt vor, wenn die Störung mit dem Begehen von Straftaten verbunden ist. Bei den Tätern liegt oft auch eine Persönlichkeitsstörung vor.

Exhibitionistische Handlungen sind, abgesehen von der Belästigung, in der Regel nicht für andere gefährlich. Nichtsdestoweniger werden sie strafrechtlich verfolgt.

Verlässliche Zahlen über die Häufigkeit dieser Störungen existieren nicht. Sie kommen fast nur bei Männern vor. Eine Therapie wird von vielen Betroffenen gar nicht gewünscht. Sie wollen diese Quelle des Lustgewinns behalten. Bei Behandlungsbereitschaft werden verschiedene Therapien, u. a. psychoanalytischer Art, erfolgreich eingesetzt. Dabei setzt man heute ergänzend eine sog. symptom- bzw. deliktspezifische Komponente ein, die speziell auf die Symptombeseitung und die Rückfallverhinderung gerichtet ist. Die medikamentöse Unterdrückung des Sexualtriebs kann in Einzelfällen eine zusätzliche Hilfe sein.

Homosexualität wird gemäß internationalem Konsens nicht als psychische Krankheit betrachtet.

Beispiele

(1) Fetischismus: Ein Mann wollte, dass sich seine Partnerin beim Sex immer in roten Schuhen mit hohen Absätzen präsentierte. Eigentlich wurde er nur durch die Schuhe erregt und brauchte die Frau nicht. Dies war ein Problem. Die Frau merkte mit der Zeit, dass gar nicht sie begehrt wurde.

(2) Exhibitionismus: Ein Mitarbeiter eines großen Betriebs hatte den Drang, sich vor Frauen nackt zu zeigen. Während sich eine Studentin, als er im Geschäftsareal unbekleidet von einem Gebäude zum anderen ging, ironisch nach seinem «gesundheitlichen Befinden» erkundigte, beschwerten sich ältere Frauen beim Arbeitgeber. Es wurde ihm auferlegt, sich in eine psychotherapeutische Behandlung zu begeben. Mit ihr wurde es ihm möglich, seine exhibitionistischen Tendenzen aufzugeben.

(3) Sadismus, leichte Form: Ein Mann wollte mit seiner Partnerin immer analen Sex haben. Oft gab sie, entgegen ihrem Wunsch und obwohl es oft wehtat, seinem Drängen nach. Dass er nicht Rücksicht nahm, wirft die Frage auf, ob er sie leiden sehen wollte. Als sie feststellte, dass er sich nicht änderte, beendete sie die Beziehung.

(4) Pädophilie: Ein Mann merkte, dass sein eigentliches Sexualziel Knaben vor der Pubertät waren. Diese Neigung setzte er in die Tat um, was zu wiederholten und immer längeren Gefängnisstrafen führte. Er entging nur knapp der Sicherheitsverwahrung. Inzwischen lebt er seit vielen Jahren in Freiheit, hat keine Straftat mehr begangen und auch innerlich solchen Handlungen abgeschworen. Er hat eingesehen, dass diese den Kindern schaden.

Empfehlenswerte Literatur

Information für Laien:
Vetter, B. (2009): Pervers, oder? Sexualpräferenzstörungen. 100 Fragen, 100 Antworten. Verlag Hans Huber, Bern.

Fachbuch:
Fiedler, P. (2004): Sexuelle Orientierung und sexuelle Abweichung. Beltz, Weinheim.

15. Störungen der sexuellen Identität (Transsexualismus)

Wie erkennen Sie eine Störung der Geschlechtsidentität (Transsexualismus)?

Fühlen Sie sich psychisch dem anderen Geschlecht zugehörig, wie in den falschen Körper geboren, und besteht der Wunsch nach Anpassung des Körpers an das psychologisch erlebte Geschlecht?

▲ Die Diagnose trifft zu, wenn die Symptomatik dieser Beschreibung entspricht.

Ankreuzen:
❏ Zutreffend   ❏ Teilweise zutreffend   ❏ Nur früher zutreffend

Informationen

Es gibt den Mann-zu-Frau- und den Frau-zu-Mann-Transsexualismus. Die Störung ist selten. Die Ursachen sind unbekannt. Therapeutisch gelingt es in der Regel nicht, die psychologische Geschlechtszugehörigkeit der körperlichen anzupassen. Wenn die Diagnose gesichert ist, wird in vielen Fällen die hormonelle und operative Geschlechtsumwandlung, oft mit gutem Erfolg, durchgeführt.

Beispiele

(1) Früh erkannter Transsexualismus: Ein Knabe war schon immer gerne mit Mädchen zusammen, spielte mit ihren Spielzeugen und wollte sich so anziehen wie sie. Er lebte in einer ganz normalen Familie. In der Pubertät war er unglücklich über den Bartwuchs und den Stimmbruch und lehnte seine Geschlechtsteile ab. Er fühlte sich als Frau zu Männern hingezogen. Immer häufiger zog er Frauenkleider an. Er lernte, sich zu schminken. Als er 22 Jahre alt war, diagnostizierten die Spezialisten einen Transsexualismus. Er erhielt weibliche Sexualhormone. Es wuchsen ihm Brüste, und sein Körper nahm weibliche Formen an. Dann wurde die operative Geschlechtsumwandlung mit Entfernung von Penis und Hoden und Bildung einer Scheide durchgeführt. Die heutige Frau ist inzwischen verheiratet, und niemand außer ihrem Ehemann weiß vom früheren Leben.

(2) Spät erkannter Transsexualismus: Ein 40-jähriger Mann hatte das gleiche Problem mit seiner sexuellen Identität, verdrängte es aber. Er heiratete und hatte zwei Kinder. Die Ehe war sogar recht befriedigend. Mit den Jahren wurde aber der Wunsch, das psychologisch erlebte Geschlecht auszuleben, immer stärker. Eines Tages eröffnete er dies seiner Frau. Der Kontakt zu ihr und den Kindern brach ab. Er ging in eine andere Stadt und ließ sich dort operieren. Er bereute den Schritt nicht.

Empfehlenswerte Literatur

Fachbuch:
Rauchfleisch, U. (2006): Transsexualismus – Transidentität. Begutachtung, Begleitung, Therapie. Vandenhoeck & Ruprecht, Göttingen.

16. Wenn Sie an sonst etwas leiden

Wie erkennen Sie, ob Sie an sonst etwas leiden?

Gibt es bei Ihnen andere, bisher nicht beschriebene Störungen oder Probleme, die Ihr Wohlbefinden beeinträchtigen?

▲ Eine solche Diagnose wird angenommen, wenn bei Ihnen Entsprechendes vorliegt.

Ankreuzen:
❏ Zutreffend   ❏ Teilweise zutreffend   ❏ Nur früher zutreffend

Notieren Sie, worum es sich handelt.

Art der Störung bzw. des Problems:
_____
_____
_____

Informationen

Es ist möglich, dass Sie mit Störungen bzw. Problemen zu tun haben, die hier nicht erwähnt wurden. So stellen Menschen gelegentlich fest, dass sich in ihrem Leben immer wieder gewisse ungünstige Konstellationen einstellen, von denen sie vermuten, dass sie dazu selbst etwas beitragen. Solche Probleme können ein gesamtes Leben überschatten. Therapeutisch sind sie die Domäne der Psychoanalyse. Dabei erfolgt die Aufarbeitung von lebensgeschichtlich bedeutsamen unbewussten Konflikten. In den letzten Jahrzehnten hat sich auch die kognitive Verhaltenstherapie der Problematik angenommen und mit der sog. Schematherapie ein gut verständliches Therapiekonzept entwickelt.

Auch kommt es, wie erwähnt, vor, dass eine Person über ein belastendes, traumatisierendes Lebensereignis nicht hinwegkommt. Auch dann ist eine Psychotherapie indiziert.

Beispiel

(1) Kein Glück in der Liebe: Er hatte fast allen Erfolg im Leben, den man sich wünschen kann. Aus wohlhabenden Verhältnissen kommend, intelligent, sportlich, gut aussehend, schien ihm das Glück zu Füßen zu liegen. Er schloss sein Studium vorzüglich ab, erreichte Spitzenresultate in zwei Sportarten, erwies sich als erfolgreicher Geschäftsmann und verkehrte mit etlichen Berühmtheiten seiner Zeit – von denen er selbst eine war. Aber er hatte, wie man so sagt, kein Glück in der Liebe. Immer wieder heiratete er die Falsche – ein neurotisches, d. h. unbewusstes, bis in die Kindheit zurückreichendes Problem. Eine analytische Psychotherapie hätte es wohl gelöst. Es kam nicht dazu.

Empfehlenswerte Literatur

Patientenratgeber:
Young, J. E., Klosko, J. S. (2006): Sein Leben neu erfinden. Junfermann, Paderborn.

Zusammenfassung: Gefundene Störungen

Hier können Sie notieren, welche Störungen Sie bei sich festgestellt haben.

(1)
Seite _____ Diagnose _____ Zutreffend ❏
Teilweise zutreffend ❏
Nur früher zutreffend ❏

(2)
Seite _____ Diagnose _____ Zutreffend ❏
Teilweise zutreffend ❏
Nur früher zutreffend ❏

(3)
Seite _____ Diagnose _____ Zutreffend ❏
Teilweise zutreffend ❏
Nur früher zutreffend ❏

Die Behandlung für sich finden

Moderne Psychiatrie und Psychotherapie

Sie haben beim Lesen dieses Buches feststellen können, dass etlichen der beschriebenen Patienten durch die Therapie geholfen wurde. Anderen hätte eine Therapie, wäre sie zustande gekommen, gutgetan.
Die Psychiatrie ist das Fach der Medizin, die sich mit den psychischen Störungen befasst. Die Ursachen psychischer Störungen sind vielfältig. Vor allem zu nennen sind frühere psychische Traumen oder ungünstige Lebensbedingungen, akute oder chronische psychische Belastungen und Erbanlagen. Oft liegt eine Kombination dieser Faktoren vor. So folgt auch die Therapie verschiedenen Ansätzen.

Psychotherapie: Als Psychotherapie bezeichnet man jede Art von Behandlung psychischer Störungen, die mit psychologischen Mitteln, vorwiegend dem Gespräch, erfolgt.
Den Beginn der modernen Psychotherapie markiert die um 1900 entstandene *Psychoanalyse*. Gemäß der Theorie bestehen bei psychischen Krankheiten unbewusste, in der Kindheit aufgetretene und bis in die Gegenwart fortwirkende psychische Konflikte, deren Aufdeckung zur Auflösung der Krankheitssymptome führt.
Was heute als selbstverständlich erscheint, war damals neu. Zum ersten Mal wurde die Bedeutung psychologischer Zusammenhänge bei psychischen Krankheiten erkannt. Die Psychoanalyse hat sich weiterentwickelt und wurde durch Therapierichtungen mit anderen Schwerpunkten ergänzt. Psychoanalytisches Denken wird nicht nur auf das einzelne Individuum, sondern auch auf Familien und Paare angewandt.

Die psychoanalytische Therapie gilt als geeignetes Verfahren, wenn man unbewusste innerpsychische Konflikte als das zentrale Problem betrachtet.

Die *kognitive Verhaltenstherapie* setzt bestimmte Strategien ein, um ungünstige Denk- und Verhaltensweisen, ob erlernt oder sonstwie entstanden, abzulegen. Die sog. *Exposition* stellt einen zentralen Aspekt der Therapie dar. So führt das wiederholte Ertragen von irrationaler Furcht allmählich zu deren Verschwinden. Die kognitive Verhaltenstherapie ist ein integraler Teil der psychiatrischen Therapie. Viele psychische Störungen werden mit ihr behandelt.

Neben diesen spezifischen Psychotherapieformen ist das *allgemeine therapeutische Gespräch* zu nennen, das bei allen psychischen Störungen eingesetzt wird. Es besteht in der Information über die Krankheit und in Beratung, Stützung und Begleitung.

Pharmakotherapie: Beginnend in den 50er Jahren wurden hochwirksame Medikamente zur Therapie psychischer Krankheiten gefunden. In den letzten Jahrzehnten wurden diese Therapien perfektioniert. Schwere Depressionen, die bipolare affektive Störung und Schizophrenien können in vielen Fällen medikamentös gut beeinflusst werden. Die Psychotherapie allein ist dort meist ohne wesentlichen Effekt.

Die Fachpersonen: Psychiater, Fachpsychologe für Psychotherapie[2]

Es sei auf den unterschiedlichen Ausbildungsgang der beiden Fachpersonen hingewiesen. Der Psychiater hat Medizin studiert und ist Arzt. Er hat sich in einer 6-jährigen Ausbildung auf Psychiatrie und Psychotherapie spezialisiert. Psychiatrie und Psychotherapie sind untrennbar miteinander verbunden.

Der Fachpsychologe für Psychotherapie hat Psychologie studiert und sich der Psychotherapie spezialisiert. In der Regel absolviert er bis zur

---

2 Dies gilt sinngemäß für die entsprechenden Spezialisten mit ihren Fachbezeichnungen in Deutschland und Österreich.

Erlangung seines Titels eine 5-jährige Weiterbildung. Er führt keine medizinischen Abklärungen durch und verschreibt keine Medikamente, wohl aber weiß er um die Prinzipien Bescheid.

Die für Sie geeignete Fachperson

Die Fachperson soll vor allem kompetent sein. Erste Aufgabe ist die diagnostische Abklärung und die Auswahl der Therapie. Dies soll in aller Regel durch einen Psychiater oder erfahrenen Fachpsychologen für Psychotherapie erfolgen. Hausärzte sind zum Teil ebenfalls diesbezüglich ausgebildet.

Nicht empfehlenswert ist es, sich zu einem Arzt der Alternativmedizin, wie Homöopathie, Akupunktur u. a., zu begeben. Solche Therapien sind bei psychischen Krankheiten nicht wirksamer als Placebo, d. h. eine Scheintherapie.

Sollten Sie zur Abklärung eher zu einem Psychiater oder zu einem Fachpsychologen für Psychotherapie gehen? Der Psychiater ist natürlich der Experte in Situationen, in denen möglicherweise Medikamente eingesetzt werden, Fragen in Bezug auf Selbst- oder Fremdgefährdung zu klären sind oder körperliche Krankheiten ausgeschlossen werden müssen. Aber er ist auch Psychotherapeut. Der Erstkontakt beim Fachpsychologen für Psychotherapie ist ebenso zu empfehlen, wenn er eine breite und mehrjährige Ausbildung durchlaufen hat und aufgrund der Symptomatik anzunehmen ist, dass seine Psychotherapie durchgeführt wird.

Hinsichtlich der Person eines geeigneten Therapeuten kann möglicherweise der Hausarzt Adressen angeben oder auch jemand aus dem privaten Umfeld. Auch das Nachfragen bei den Fachgesellschaften oder bei Selbsthilfeorganisationen kann weiterhelfen.

Im Untersuchungsgespräch legen Sie Ihr Problem und Ihre Situation dar. Die Fachperson wird Ihnen verschiedene Fragen stellen. Die Abklärung dauert ca. eine bis drei Sitzungen. Auch Sie sollen die Fragen aufwerfen, die Ihnen wichtig erscheinen. Die Fachperson soll erklären, welche Diagnose sie stellt und warum sie diese und nicht eine andere Therapie empfiehlt. Auch dürfen Sie sich über die Therapieausbildungen und Berufserfahrungen der Fachperson erkundigen.

Für die Therapie psychischer Störungen gibt es heute international akzeptierte Richtlinien. Andererseits ist festzustellen, dass zur Auswahl der Therapie in bestimmten Situationen ein Ermessensspielraum besteht, bei dem auch Platz für Wünsche des Patienten ist.

Vor dem Beginn der eigentlichen Therapie müssen Sie entscheiden, ob Sie sich der Fachperson voll anvertrauen und mit ihr zusammenarbeiten können. Wenn Sie daran zweifeln, sollten Sie dies ansprechen. Möglicherweise ist die entstehende Diskussion der Ausgangspunkt zu einem guten Kontakt. Gegebenenfalls werden Sie sich an eine andere Fachperson wenden.

Falls Sie bereits eine Therapie begonnen haben und im Hinblick auf die Effizienz der Behandlung unsicher sind, sollten Sie dies thematisieren. Ein Kriterium einer guten Therapie ist, dass Sie sich in der Behandlung wohl fühlen, ein noch wichtigeres, dass sich Ihr Zustand bessert. Negativ zu werten sind konstant distanziertes und kritisierendes Verhalten der Fachperson.

Auch bei gut gewählter Therapie kann der Erfolg vorerst ausbleiben. Dann kann es gerechtfertigt sein, eine Zweitmeinung einzuholen. Allerdings sollten Sie die Behandlung nicht ohne offene Diskussion wechseln.

Weitere Hinweise

Wenn Sie sich im Internet über die Störung und Ihre Therapie informieren, werden Sie neben Richtigem auch Falsches erfahren. Es sei hier nochmals auf die heute zur Verfügung stehenden guten Patientenratgeber hingewiesen.

Psychotherapeutische Behandlungen können wegen des erforderlichen Zeitaufwands relativ teuer sein. Die Kosten werden meist von den Krankenkassen übernommen, zum Teil aber mit Einschränkungen. Erkundigen Sie sich bei Ihrer Kasse.

Sachverzeichnis

A
Abhängige Züge 98, 101
Abhängigkeit 130, 140
Abstammungswahn 107
ADS 103 ff.
Affektive Störung, bipolare 15, 22
Agoraphobie 31 ff.
Albträume 51, 85, 88
Alkoholmissbrauch und
 -abhängigkeit 129 ff.
Allgemeines therapeutisches
 Gespräch 15, 168
Altersdemenz 114
Alzheimerdemenz 114
Amphetaminmissbrauch
 und -abhängigkeit 147 ff.
Ängstliche Züge 98
Angststörung, generalisierte 35 ff.
Anonyme Alkoholiker 131
Anorexia nervosa 76
Anorexie 76
Antidepressiva 15
Antipsychotische Medikamente 109
Arteriosklerotische Demenz 114
Aufmerksamkeitsdefizitsyndrom 103 ff.

B
Baby Blues 110
Beeinflussungswahn 107
Benzodiazepine 140, 141
Beruhigungsmittelmissbrauch
 und -abhängigkeit 139 ff.
Bipolar 15
Bipolare affektive Störung 15, 22
BMI 75

Body Mass Index 75
Borderlinezüge 97, 100
Bulimie 79 ff.
Burnout 15, 62, 63

C
Cannabismissbrauch
 und -abhängigkeit 143 ff.
Chronic Fatigue Syndrom 62
Chronisches Müdigkeitssyndrom 62
Concerta 104

D
Demenz 113 ff.
–, Alzheimer 114
–, arteriosklerotisch 114
Depression 13 ff.
–, Menopause 17
–, Postpartum 17
–, rezidivierende 14
–, saisonale 15
–, wiederkehrende 14
–, Wochenbett 17
Dissoziale Züge 97, 100
Dopingmittel 148
Drogen 147 ff.
–, harte 147, 148
–, weiche 148
Dysmorphophobie 65 ff.

E
Ecstasymissbrauch 153 ff.
Einfache Phobie 39 ff.
Ejaculatio praecox 91, 93, 95
Elektrosmog, Schäden durch 58

Erregungsstörung 91
Essattacken, reine 83 f.
Essstörungen 73 ff.
Exhibitionismus 155
Exposition 32, 168

F
Fachpsychologe für Psychotherapie 168
Fetischismus 155, 156
Fixen 149
Flashback 51
Flugphobie 40

G
Generalisierte Angststörung 35 ff.
Gutartige akute Psychose 109, 110

H
Halluzination 107
Halluzinogenmissbrauch 153 ff.
Haschisch s. Cannabis
Heroinmissbrauch und
 -abhängigkeit 147 ff.
Histrionische Züge 98, 100
Homosexualität 156
Hypersomnie 87
Hypochondrie 65 ff.
Hypomanie 22
Hysterische Persönlichkeit 99

I
Impulsstörungen 117 ff.
Insomnie 87
Internet 170
–, Wikipedia 10
Inzesterlebnis 94

J
Joint 144

K
Kaufsucht 123 f.
Klaustrophobie 40
Kleptomanie 125 f.
Kognitive Verhaltenstherapie 15, 168
Kokainmissbrauch
 und -abhängigkeit 147 ff.
Kontrollzwang 49

Konversionsstörung 69 ff.
Körperliche Symptome als psychische
 Störung 55 ff.
Krankenkasse 170

L
Lebensüberdruss 14
Libido 93
Lithium 22
LSD-Missbrauch 153 f.

M
Magersucht 75 ff.
Mangel an sexueller Lust 91, 93
Manie 21 ff.
Manisch-depressive Krankheit 22
Marihuana s. Cannabis
Masochismus 155
Meskalinmissbrauch 153 f.
Methadon 149
Methylphenidat 104
Missbrauch 130
–, sexueller 93
–, posttraumatische
 Belastungsstörung 53
Mobbing, posttraumatische
 Belastungsstörung nach 53
Morphin 148
Multiple chemische Sensitivität 58, 59

N
Nachhallerinnerung 51
Nachtwandeln 85
Narkolepsie 87
Narzisstische Züge 97, 100
Neurasthenie 61 ff.
Neuroleptika 109
Nikotinmissbrauch und
 -abhängigkeit 135 ff.

O
Opiate 148
Opium 148
Orgasmusstörung 91, 93

P
Pädophilie 155
Panikstörung 27 ff.

Sachverzeichnis

Paranoia 109, 111
Paranoide Züge 97, 99
Pathologisches Spielen 120
Pavor nocturnus 86, 88
Persönlichkeitszüge, problematische 97 ff.
Perversionen 155 ff.
Pharmakotherapie 168
Phobie, einfache 39 ff.
Postpartumdepression 17
Postpartumpsychose 109, 110
Posttraumatische Belastungsstörung 51 ff.
Prämenstruelle dysphorische Störung 18
Problematische Persönlichkeitszüge 97 ff.
Psilocybinmissbrauch 153 f.
Psychiater 168
Psychiatrie 167
Psychoanalyse 167
Psychoanalytische Therapie 15, 167
Psychologe s. Fachpsychologe für Psychotherapie
Psychopathische Persönlichkeit 99
Psychose s. psychotische Störung
–, akute gutartige 109, 110
Psychotherapie 167
Psychotische Störung 107 ff.

R
Reine Essattacken 83 f.
Reizbare Züge 97, 99
Ritalin 104

S
Sadismus 155
Samenerguss, vorzeitiger 91, 93
Scheidenkrampf 91, 94
Schematherapie 164
Schizoide Züge 97, 99
Schizophrenie 107 ff.
Schlafapnoe 87
Schlaflosigkeit 85, 87
Schlafmittelmissbrauch und -abhängigkeit 139 ff.
Schlafneigung, übermässige 85, 87

Schlafstörungen 85 ff.
Schlaf-Wach-Rhythmus, Störungen des 85, 88, 89
Schlafwandeln 85, 88
Selbstmord 17, 120
Selbstmordgedanken 10, 13, 14
Sexualtherapie 93
Sexuelle Funktionsstörungen 91 ff.
Sexuelle Lust, Mangel an 91, 93
Sexueller Missbrauch 93
–, posttraumatische Belastungsstörung nach 53
Sinnestäuschung 107
Somatisierungsstörung 57 ff.
Sozialphobie 43 ff.
Spielsucht 119 ff.
Stimmenhören 107
Stimmungsstabilisator 22
Stimulantien s. Amphetamin
Störung des Schlaf-Wach-Rhythmus 85, 88, 89
– des sexuellen Triebzeils 155 ff.
– der sexuellen Identität 159 ff.
Substanzabhängigkeit 127 ff.
Substanzmissbrauch 127 ff.
Substitutionsbehandlung 149
Sucht 130
Suizid s. Selbstmord
Suizidalität s. Selbstmordgedanken

T
Therapeutische Wohngemeinschaft 149
Tranquilizer 140
Transsexualismus 159 ff.
Transvestitismus 155

U
Übergewicht 84
Übermässige Schlafneigung 85
Unzusammenhängendes Sprechen 107, 108

V
Vaginismus 91, 94
Viagra 93
Verfolgungswahn 107, 109, 111
Vorzeitiger Samenerguss 91, 93
Voyeurismus 155

W

Wahnidee 107
Wahnkrankheit 109, 111
Waschzwang 49
Wespenphobie 40
Wikipedia 10
Wochenbettdepression 17
Wochenbettpsychose 109

Z

Zwanghaftes Sammeln
 und Aufbewahren 50
Zwanghafte Züge 98, 101
Zwangsgedanke 47
Zwangshandlung 47
Zwangsstörung 47 ff.
Zwangssymptom 47